자녀와 함께
믿음의 가정문화 만들기

당신이 하나님을 더 깊이 알아 가고 더 널리 알리는 사람이 되는 것, 이 책에 담긴 예수전도단의 마음입니다. 말씀을 통해 저자가 깨닫고, 원고를 통해 저희가 누릴 수 있었던 그 감동이 책을 통해 당신에게도 전해지기 원합니다. 그리고 당신을 통해 그 기쁨과 은혜가 더 많은 이들에게 계속해서 흘러가기를 기도하겠습니다. 이 책을 통해 당신이 받은 은혜를 다른 분들에게도 나눠 주십시오. 사랑하고 축복합니다.

ⓒ 백홍영, 2016

본 저작물의 저작권은 도서출판 예수전도단에 있습니다.
저작권법에 의해 보호받는 저작물이므로 무단 전재와 복제를 금합니다.

자녀와 함께 믿음의 가정문화 만들기

백홍영 · 서아령 · 최지혜 지음

추천사

오늘날 한국 교회가 위기를 맞고 있다는 것에 대해서는 이견이 없을 것이다. 객관적 지표로도 그렇고 주관적인 체감으로도 명백한 증거들이 나타나고 있기 때문이다. 그러나 위기의 원인이나 대책에 대해서는 이견이 있다. 문제를 분석하고 해결책을 찾아가는 관점이 다르기 때문이다.

분명한 것은 한국 교회 위기의 원인 가운데 결코 빼놓을 수 없는 것 가운데 하나가 기독교 가정의 붕괴라는 점이다. 우선 기독교 가정 안에서 신앙적인 삶이 사라져 버렸다. 가정예배가 무너지고 있고, 신앙적 대화도 자취를 감추고 있으며, 그러다 보니 가정 안에서 기독교 문화가 사라져 버리고 만 것이다. 다음으로 기독교 가정 안에서 신앙의 대 잇기가 심각하게 위협받고 있다. 자녀들이 부모를 따라 신앙생활을 하지 않는 경우가 심각한 수준으로 나타나고 있는 것이다. 그것은 부모가 자녀들의 신앙교육을 하고 있지 않기 때문이다. 그리고 단지 교회에 데리고 가는 것으로 책임을 다했다고 생각하기 때문이다.

이와 같은 기독교 가정의 붕괴는 신앙과 삶의 괴리를 만들어 내는 주요 요인으로 손꼽힌다. 그리고 기독교 문화 확산의 대표적인 걸림돌 가운데 하나로 지적된다. 나아가 한국 기독교가 한국 사회를 복음화하지 못하게 하는 결정적인 요인이 되는 것이다.

그렇기 때문에 한국 교회가 시급하게 회복해야 할 것은 기독교 가정의 복음화다. 그러기 위해서는 기독교 가정이 단지 가족들이 교회 다니는 것에 그치지 말고 진정한 신앙의 가정으로 거듭나야 한다. 즉 가정의 신앙생활이 회복되고, 가정의 기독교 문화가 꽃을 피우는 자리까지 나아가야 할 것이다.

  백흥영 목사 외 저자들이 심혈을 기울여 쓴 이 책은 이러한 시대에 가정을 믿음으로 세워가는 일에 길잡이 역할을 할 것이다. 이 책을 읽어 보면 각 가정에서 구체적으로 신앙생활을 어떻게 할 것인지, 그리고 믿음의 가정문화를 어떻게 일구어 갈 수 있을지 제시해 준다. 마치 사막에서 오아시스를 만난 듯 반갑고 소중한 느낌이 든다. 정말 많은 가정이 이 책을 통해 믿음의 가정으로 거듭나는 일에 도움을 받기를 바란다.

박봉수
(상도중앙교회 담임목사, 예장통합총회 교육자원부 부장)

추천사

생명이 잉태되고 출산되고 양육되는 곳이 가정이다. 사람에게 가장 중요한 곳, 가장 근원적인 곳이 있다면 그곳은 바로 가정이다. 이 세상 최초의 학교 역시 '어머니 무릎학교'이다. 이처럼 가정은 사람됨의 인성교육과 도덕교육은 물론이고, 하나님 자녀로서의 신앙교육을 형성함에도 절대적 비중을 차지한다. 요즘 회자되는 '교회-가정-학교' 연계의 중요성을 강조할수록 가정교육의 중요성은 한층 더 부각된다. 그 모든 연계점이 곧 가정과 부모 중심으로 이루어지기 때문이다.

이 책을 공저한 저자들(백흥영, 서아령, 최지혜)은 기독교 교육의 전문적 토대 위에 가정과 교회사역의 풍부한 경험을 가지고 있으며 실력과 영성을 겸비한 제자들이다. 평소 이들의 실력과 성실함을 잘 알고 있을 뿐 아니라, 또 실제 이 책의 구조와 내용이 월별, 절기별로 짜임새 있게 영-혼-육의 전인적 성숙과 구원을 위해 구성되었기에 기쁨으로 모든 분들의 일독을 권한다.

이 책은 가정은 물론이고 교회, 학교, 사회, 국가, 생태계에 이르기까지 범위를 확장시켜 나가고 있고, 구체적이고 실제적인 신앙교육 아이디어와 다양한 활동들을 제시하고 있다. 총 38주제에 해당하는 가정교육을 제시하고 있으면서 매일, 매주, 매월 단위로 교육할 수 있는 동시에 비정기적인 교육도 가능하도록 안내하고 있는 것도 이 책의 탁월한 장점이다.

한국 사회는 시간이 지날수록 인성교육이 점점 더 중요해지고 있고 가정을 비롯한 기초 공동체의 와해 문제가 심각한 사회적 이슈로 대두되고 있다. 이러한 상황 속에서 부모-자녀-교사를 함께 연계할 수 있는 대안을 제시할 뿐 아니라, 함께 만들어가는 평화, 사랑, 행복의 공동체를 이 땅에 건설할 수 있도록 도와주는 이 책을 그리스도인 부모와 가정 그리고 교사들이 활용할 때, 유익하고 풍성한 결실을 거두게 될 것을 확신하기에 적극 추천하는 바이다.

이규민
(장로회신학대학교 기독교교육과 교수, 목회전문대학원장)

머리말

　우리가 머무는 곳의 문화가 싫든지 좋든지 우리는 그 문화의 영향 속에서 살아갑니다. 그리고 그 문화를 통해 자연스럽게 생각과 태도의 변화를 경험하게 됩니다. 문제는 모르는 사이에 접하게 되는 부정적 영향이 심각함에도 불구하고 그 위험성을 인지하지 못하고 살아간다는 것입니다.
　그렇다면 우리는 어떻게 이 세상을 살아가야 할까요? 세상 문화와 대립하거나 거부한 채 살아가는 것이 묘책은 아닐 것입니다. 우리는 문화를 건강하고 바르게 형성하려는 적극적인 태도를 가져야 합니다. 더욱이 우리는 그리스도인이기에 건강한 기독교 문화를 만들어 가려는 노력이 필요하겠지요. 하지만 비기독교 문화는 풍성한 데 반해 기독교 문화를 찾기란 모래사장에서 바늘 찾기처럼 어렵습니다. 기독교 가정문화는 더욱 그렇습니다. 제대로 정립된 기독교 가정문화가 없다 보니 신앙의 유산을 다음 세대로 전수하기 어려운 것은 너무나 당연한 일입니다.
　이러한 현실 속에서 '기독교 가정에서 신앙의 유산을 전수할 수 있는 좋은 문화는 무엇이 있을까?' 하는 고민을 하게 되었습니다. 그리고 고민 끝에 결국 저희 가정이 먼저 시작하기로 했습니다. 『엄마, 아빠! 가정예배 안 드려요?』에서 가정예배가 신앙 좋은 가정의 전유물이 아닌, 그리스도인 가정이라면 누구나 해야 한다는 인식을 갖게 하고자 노력했던 것처럼, 미약하나마 저희 가정이 먼저 고민해 보고 살아보기로 했습니다.

이 책을 만들면서 도움의 손길들이 많았습니다. 2013년부터 저희 가정에서 하나, 둘씩 가정문화를 만들어 나가기는 했지만, 문화라는 것은 한 사람으로 되는 것이 아니기에 공동체가 필요했습니다. 감사하게도 교회 안에서 뜻을 같이 하던 여러 가정이 동참해 주었습니다.

또한 기독교 교육을 전공했을 뿐 아니라 가정교육에도 많은 관심을 가지고 있던 서아령 목사님과 최지혜 목사님이 함께해 주셔서 이 책을 만들 수 있었습니다. 오랜 시간 힘을 모아 기존에 가정에서 하고 있던 문화들을 정리하기도 하고, 새로운 가정문화를 고민하며 만들어 냈습니다. 물론 아내도 빼놓을 수 없습니다. 함께 아이디어를 제공하고, 저희 쓰리민 가정 이야기를 다루었습니다.

이 책은 기독교 가정문화를 통해 자녀들에게 신앙의 대를 전수하고 싶지만 방법을 알지 못하는 부모들에게 작은 길잡이가 되고자 하는 소망으로 쓰게 되었습니다. 물론 당장 한두 가지 문화를 바꾸고 실천한다고 해서 가정에서 신앙의 대가 바로 전수되고 삶이 달라지는 것은 아닙니다. 그러나 부모의 관심과 노력으로 아이들의 심령 가운데 신앙의 싹이 트게 될 것이고, 훗날에는 큰 열매를 맺게 될 것입니다. 함께 기독교 문화를 만들어 가면 어떨까요? 다음 세대의 신앙은 바로 우리의 가정에서부터 시작됩니다.

다음 세대를 향한 소명의 길 위에서

박흥영

차 례

추천사
머리말
이 책의 활용법

1월
1. 가정예배로 기초 세우기 014
2. 가족 Day로 서로 섬기기 020
3. 월급날 풍경 만들기 024

2월
1. 말씀을 가까이하기 028
2. 명절에 온 가족이 이야기 나누기 034
3. 소중한 물 절약하기 038

3월
1. 3·1절에 태극기 달기 042
2. 사순절에 십자가 사랑 기억하기 046
3. 등교 전에 기도해 주기 052

4월
1. 학교 친구를 위해 기도하기 056
2. 온 가족이 함께 놀기 060
3. 부활의 기쁨 나누기 066

5월
1. 가족끼리 편지로 마음 나누기 070
2. 선교지에 편지 보내기 074
3. 에너지 절약맨 되기 078

6월
1. 시험 때 격려해 주기 082
2. 6·25에 통일 생각하기 088
3. 의미 있는 생일 보내기 092

7월
① 성경학교를 위해 기도하기 098
② 가족회의로 생각 나누기 102
③ 아나바다 실천하기 108

8월
① 8·15 광복절에 역사 기억하기 112
② 결혼기념일에 사랑 흘려보내기 118
③ 친구 초대하기 122

9월
① 기독교 유적지 방문하기 126
② 주일예배 말씀 나누기 130
③ 착한 소비로 생명 존중하기 134

10월
① 추수감사절에 감사 Day 정하기 138
② 나라를 위해 기도하기 142
③ 집안일 함께하기 146

11월
① 영화 보고 이야기 나누기 152
② 잠자기 전에 기도하기 156
③ 음식물 쓰레기 줄이기 162

12월
① 대림절에 아기 예수님 기다리기 166
② 이웃 사랑 실천하기 170
③ 성탄절에 이웃과 함께하기 174

부록
① 유아세례 준비하기 179
② 영적 생일인 입교 축하하기 182

 **이 책의 활용법**

1. 이 책은 매월 3개의 주제와 부록 2개를 더해 총 38개의 가정문화를 다루었습니다. 차례대로 월에 맞춰 진행해도 되고, 주제에 따라 가정에 맞는 것을 진행할 수도 있습니다.

카테고리	가정문화 주제	
신앙교육⑤	가정예배로 기초 세우기 •014 말씀을 가까이하기 •028 잠자기 전에 기도하기 •156	월급날 풍경 만들기 •024 주일예배 말씀 나누기 •130
생태⑤	소중한 물 절약하기 •038 아나바다 실천하기 •108 음식물 쓰레기 줄이기 •162	에너지 절약맨 되기 •078 착한 소비로 생명 존중하기 •134
절기⑤	사순절에 십자가 사랑 기억하기 •046 추수감사절에 감사 Day 정하기 •138 성탄절에 이웃과 함께하기 •174	부활의 기쁨 나누기 •66 대림절에 아기 예수님 기다리기 •166
학교 생활④	등교 전에 기도해 주기 •052 시험 때 격려해 주기 •082	학교 친구를 위해 기도하기 •056 친구 초대하기 •122
나라 사랑④	3·1절에 태극기 달기 •042 8·15 광복절에 역사 기억하기 •112	6·25에 통일 생각하기 •088 나라를 위해 기도하기 •142
대화, 섬김④	가족 Day로 서로 섬기기 •020 가족회의로 생각 나누기 •102	가족끼리 편지로 마음 나누기 •070 집안일 함께하기 •146
놀이 문화③	명절에 온 가족이 이야기 나누기 •034 영화 보고 이야기 나누기 •152	온 가족이 함께 놀기 •060
이웃, 선교③	선교지에 편지 보내기 •074 기독교 유적지 방문하기 •126	이웃 사랑 실천하기 •170
기념일③	의미 있는 생일 보내기 •092 결혼기념일에 사랑 흘려보내기 •118	성경학교를 위해 기도하기 •098
부록②	유아세례 준비하기 •179	영적 생일인 입교 축하하기 •182

2. 주제에 따라 정기적으로, 혹은 비정기적으로 다룰 수 있습니다. 매일, 매주, 매월, 매년 할 수 있는 것과 비정기적으로 할 수 있는 것을 참고해 보세요.

시기	가정문화 주제	
매일	가정예배로 기초 세우기 •014 학교 친구를 위해 기도하기 •056 집안일 함께하기 •146 에너지 절약맨 되기 •078 착한 소비로 생명 존중하기 •134	등교 전에 기도해 주기 •052 잠자기 전에 기도하기 •156 소중한 물 절약하기 •038 아나바다 실천하기 •108 음식물 쓰레기 줄이기 •162
매주	주일예배 말씀 나누기 •130 나라를 위해 기도하기 •142	가족회의로 생각 나누기 •102
매월	가족 Day로 서로 섬기기 •020 말씀을 가까이하기 •028	월급날 풍경 만들기 •024
매년	명절에 온 가족이 이야기 나누기 •034 성경학교를 위해 기도하기 •098 3·1절에 태극기 달기 •042 8·15 광복절에 역사 기억하기 •112 부활의 기쁨 나누기 •066 대림절에 아기 예수님 기다리기 •166 유아세례 준비하기 •179	의미 있는 생일 보내기 •092 결혼기념일에 사랑 흘려보내기 •118 6·25에 통일 생각하기 •088 사순절에 십자가 사랑 기억하기 •046 추수감사절에 감사 Day 정하기 •138 성탄절에 이웃과 함께하기 •174 영적 생일인 입교 축하하기 •182
비정기적	온 가족이 함께 놀기 •060 선교지에 편지 보내기 •074 친구 초대하기 •122 영화 보고 이야기 나누기 •152	가족끼리 편지로 마음 나누기 •070 시험 때 격려해 주기 •002 기독교 유적지 방문하기 •126 이웃 사랑 실천하기 •170

January

가정예배로 기초 세우기

오직 나와 내 집은 여호와를 섬기겠노라 하니 (수 24:15하)

가정은 신앙교육의 공간이 되어야 합니다. 부모의 신앙을 자녀에게 물려주기 가장 좋은 곳이 바로 가정이기 때문입니다. 부모님과 함께 하나님을 예배하는 경험은 자녀들의 신앙 성숙을 돕는 중요하고 필수적인 요소입니다. "하나님이 우리 가정의 주인이십니다!"라고 고백하는 가정이 되기를 소망하며, 우리 집 가정예배를 시작해 볼까요?

★ 가정예배 순서

예배 인도는 부모님이 하시고, 가정예배가 익숙해질 때쯤에는 자녀에게도 맡겨 주세요.

① 함께 모여요
찬양을 함께 부르거나 종을 치면서 예배 시간을 알립니다.
"여러분, 모두 모이세요. 가정예배 시간입니다."

② 기도로 시작해요
"함께 기도하면서 가정예배를 시작하자."
"하나님, 우리 가정의 주인은 하나님이십니다. 이 시간 마음을 다해 하나님께 예배하게 해주세요. 예수님의 이름으로 기도합니다. 아멘."

③ 찬양해요
자녀들이 좋아하는 찬양을 부릅니다.
"오늘은 어떤 찬양을 부를까? ○○가 부르고 싶은 찬양을 하자."

④ 말씀을 읽어요

성경 말씀은 구약이나 신약의 처음부터 순서대로 읽어가도 좋습니다. 잠언을 날짜에 맞춰 하루에 한 장씩 읽는 방법도 있지요. 자녀의 연령에 따라 하루에 읽을 성경 분량을 적절하게 정해 주세요. 자녀들에게 각자의 성경책을 갖게 해주시고, 아이들이 말씀을 찾고 읽으면서 색연필로 긋게 하세요. 자녀들을 위한 어린이 성경이나 쉬운 말 번역의 성경을 준비하면 더욱 좋겠지요?

"오늘 함께 읽을 말씀은 (　　　)이야. 우리 각자 성경책을 찾아서 색연필로 줄을 그으며 천천히 읽어 볼까?"

⑤ 기도로 마쳐요 (주기도문을 해도 좋습니다)

"하나님, 오늘도 우리 가족을 지켜주셔서 감사합니다. 오늘 읽은 말씀대로 살아갈 수 있도록 지혜와 용기를 주세요. 예수님의 이름으로 기도합니다. 아멘."

⑥ 안아 주어요

예배 후에 서로를 안아 주며 "사랑해"라고 말하고 예배를 마칩니다.

★ 다양한 가정예배

가정예배를 드릴 수 있는 방법은 매우 다양합니다. 우리 가정의 상황과 자녀들의 연령에 맞는 예배를 선택하여 다양한 방법으로 예배해 보세요.

- 「엄마, 아빠! 가정예배 안 드려요?」 (예키즈) 참고

① 큐티로 드리는 예배

순서　기도하기 → 찬양하기 → 큐티 말씀 읽고 나누기 → 실천의 결과 나누기 → 기도하기 → 안아 주기

방법　다양한 연령층을 대상으로 만들어진 큐티 책을 구입하여 가족이 각자 큐티를 한 후 저녁에 말씀을 나누며 예배합니다.

January

② 말씀 캘린더로 드리는 예배

순서 기도하기 → 찬양하기 → 캘린더 말씀 읽고 묵상 나누기 → 기도하기 → 안아 주기

방법 365일 말씀 캘린더를 함께 읽고 묵상하며 예배드립니다. 매일 날짜에 맞추어 예배할 수 있는 장점이 있습니다.

③ 잠자기 전 드리는 예배

순서 기도하기 → 찬양하기 → 부모가 이야기 성경 읽어 주기 → 축복기도 하기 → 안아 주기

방법 잠자리에 들기 전에 이야기 성경을 매일 자녀에게 읽어 주면서 예배할 수 있습니다.

④ 식탁에서 드리는 예배

순서 기도하기 → 요리 준비하기 → 주일 말씀을 기억하며 한 주 돌아보기 → 주일 헌금 준비하기 → 기도하기 → 식사하기

방법 식탁에서 드리는 예배는 가족들이 정해진 요일에 모여 그 주에 들었던 설교 말씀을 가지고 어떻게 살아갔는지 나누고, 주일을 경건하게 준비할 수 있도록 돕습니다.

우리집 가정예배표를 활용해서 가정예배 시간, 담당자, 규칙 등을 정해 보세요. 가정예배표는 와웸퍼블 홈페이지에서 다운받아 사용하실 수 있습니다.

www.ywampubl.com 〉 예키즈 〉 부모를 위한 신앙양육 공간 〉 독후활동 자료

★ 정리하면서

"얘들아! 하나님은 우리의 예배를 기뻐하신단다. 언제나 하나님께 기쁨으로 예배하는 우리 가족이 되자."

쓰리민 가정 이야기

가정 안에서 가정예배를 드려야 하는 것이 어떤 이에게는 부담으로, 또 어떤 이에게는 믿음이 좋은 가정에게서만 볼 수 있는 특별한 것으로 여겨질 수 있습니다. 저 역시 그러한 생각을 해왔기 때문에 충

분히 이해가 되기도 합니다. 하지만 자녀들과 함께 하나님을 주인으로 선포하며 진심으로 그분의 통치 안에 사는 것이 가장 큰 축복임을 깨닫기 시작하면서 저희에게 가정예배는 선택이 아닌 필수가 되었습니다.

말씀을 계속해서 가르치다 보니 전에는 아빠, 엄마 말을 듣는 것에만 집중하던 아이들이 이제는 하나 둘씩 궁금한 것을 질문하곤 합니다. 심지

어 7살인 막내 다민이까지도요.

"아담과 하와가 결혼해서 낳은 자식은 가인과 아벨밖에 없었는데, 가인이 아벨을 죽이고 나서 도망 다닐 때 왜 다른 지역의 사람들을 두려워한다고 이야기하는 거야? 또 다른 사람들이 있었던 거야? 하나님이 다른 사람도 만드셨어?"

"엄마! 예수님이 어렸을 때는 죄를 지으셨을까? 형제들도 있었는데 우리처럼 싸우셨을지도 모르잖아."

"예수님은 어렸을 때부터 자신이 십자가에 달려 죽으실 것을 아셨을까?" 등등.

이런 질문들은 사실 제가 말씀을 한참 공부할 때 남편에게 하던 것이었는데, 아이들에게서 나오는 것을 보고 깜짝 놀랄 때가 한두 번이 아니었습니다. 아이들이 이러한 질문을 하면 남편이나 저는 그것에 대해 설명하지 않고 다시 아이들에게 질문합니다.

"글쎄… 너희 생각은 어때?"

그러면 아이들은 자신들이 보고 알았던 말씀, 그리고 평소에 생각했던 이야기들을 쏟아냅니다.

"예수님도 어렸을 때는 죄를 지을 수 있다고 생각해. 죄가 있는 육체를 갖고 태어나셨으니까 죄를 지으셨을 수도 있잖아?"

"난 아니라고 생각해. 육체를 갖고 태어나셨지만 죄는 마음에서 나오는 건데, 마음으로 태어나신 건 아니니까 나는 죄를 안 지으셨을 거라 생각해."

풋! 아이들의 말을 들어 보면 맞는 것 같기도 하고 아닌 것 같기도 한 알쏭달쏭한 이야기들로 가득합니다. 다른 사람의 이야기를 경청하고 또 자신의 생각을 이야기하는 아이들의 모습이 얼마나 사랑스러운지요. 맞고 틀리고가 중요한 것이 아니라, 자신이 가지고 있는 말씀의 해석과 생각을 가정 안에서 풍성하게 나눌 수 있다는 것 자체가 참 귀하다는 생각이 듭니다.

물론 아이들의 이야기를 다 듣고 나면 남편과 제가 이야기를 정리해서 다시 한 번 아이들에게 알려 줍니다. 가정예배 안에서 말씀으로 아이들이 점점 커 가고 있습니다.

January

가족 Day로 서로 섬기기

너희가 짐을 서로 지라 그리하여 그리스도의 법을 성취하라 (갈 6:2)

하나님은 우리에게 가장 큰 선물인 가족을 주셨습니다. 하지만 가장 소중함에도 불구하고 가족을 섬기고 사랑하는 것에는 더 인색하지 않은가 생각해 보게 됩니다. '가족 Day'는 매월 하루, 가족 중 한 사람이 주인공이 되는 날입니다. 따뜻한 말로, 사랑이 담긴 눈빛으로, 다양한 모습으로 섬기며 행복을 나눠 보세요.

★ 가족 Day 정하기
준비물: 달력, 색연필이나 펜

한 달에 한 번, 내가 주인공이 되는 '가족 Day'를 정합니다. 예를 들어 매월 1일은 아빠의 날, 10일은 엄마의 날, 20일은 자녀의 날로 정하는 겁니다. 주인공이 되고 싶은 날을 스스로 정하도록 하고, 달력에 표시해 둡니다.

★ 가족 Day 준비하기
준비물: 종이(메모지), 펜, 종이를 담을 수 있는 통, 냉장고용 자석 또는 메모판

'가족 Day' 전 날에 가족들이 함께 모입니다. 그리고 '가족 Day'의 주인공을 위해서 해주고 싶은 것들을 종이에 한 가지씩 적어 봅니다.
예) 나는 내일 '가족 Day'의 주인공인 아빠를 위해서 아빠 구두를 닦아 드릴게요.
예) 나는 내일 '가족 Day'의 주인공인 형을 위해서 형이 좋아하는 과자를 용돈으로 사 줄게요.

적은 종이는 접어서 통에 넣어 둡니다. 그리고 '가족 Day'의 주인공은 내일 하루 가족들이 나에게 해주었으면 하는 일들을 종이에 적습니다. (구체적으로 가족 이름을 적는 것이 좋습니다. '아빠는~, 엄마는~') 내용을 적은 종이는 냉장고 문 위에나 메모판 등 가족들이 잘 볼 수 있는 곳에 붙여 놓습니다.

★ 가족 Day 실천하기

'가족 Day'를 시작하면서

"자! 오늘은 우리 집 '가족 Day' 엄마의 날이네. 엄마에게 해주기로 한 것들, 그리고 엄마가 우리에게 부탁한 것들을 잘 지키면서 엄마를 행복하게 해주자."

'가족 Day'를 마무리하면서

"오늘 하루 엄마의 날을 보낸 엄마의 소감이 어땠는지 한번 들어볼까? 그리고 가족들이 엄마를 어떻게 섬겼는지 여기 통에 담긴 종이를 하나씩 읽어 보자. 엄마가 꺼내서 읽어 보세요."

"이번 달 다음 '가족 Day'의 주인공은 ○○이구나. ○○이의 '가족 Day'도 기대하면서 기다리자."

> **TIP**
> 할아버지, 할머니를 위한 '가족 Day'를 만들어도 좋아요. 1년에 한 번 할아버지, 할머니 생신이나 어떤 특별한 날을 '가족 Day'로 정해 보세요. 그리고 할아버지, 할머니와 함께 '가족 Day' 활동을 해보세요. (멀리 떨어져 계셔서 직접 만나기 어려울 경우에는 전화나 영상, 편지 등으로 마음을 전하고 섬길 수 있습니다.)

★ 정리하면서

"우리 가족은 하나님이 주신 소중한 선물이야. 우리 서로를 더 아끼고 섬기는 가족이 되도록 노력하자."

쓰리민 가정 이야기

　제가 많은 일로 지쳐 있을 때 남편이 오늘은 '엄마의 날'이라며 저를 편안히 쉴 수 있도록 배려해 주었던 적이 있습니다. 그날만큼은 집안일도 아이들 일도 신경 쓰지 않게 해주겠다면서, 아이들과 함께 제 일을 나누어서 하고, 아이들을 밖에 데리고 나가 저 혼자만의 시간을 가질 수 있도록 배려해 주었지요. 그때 가족들에게 얼마나 고마웠는지 모릅니다.

그 일이 있은 후 저희 집에는 '가족 Day'라는 것이 생겼습니다. 가족 한 사람 한 사람이 온전한 배려와 섬김을 받을 수 있도록 각자의 날을 정하는 것이지요.

아빠의 날이 되면 그날만큼은 아빠가 저희 집의 왕이 됩니다. 아빠가 편안하게 쉴 수 있도록 배려해 주고 아빠가 하는 말에 평소보다 더 순종하려고 노력합니다. 아이들 역시 각자의 날을 정해서 주인공이 바라는 것에 대해 즉각적으로 반응해 주고 함께합니다.

하지만 여기에는 규칙이 있습니다. 자기의 날이라고 해서 다른 사람에게 무례한 부탁을 하거나 하지 말아야 할 것을 요구하는 일은 없어야 하지요.

가족들에게 온전한 섬김을 받는 날. 그리고 가족 한 사람을 온전히 섬기는 날. 사랑하는 가족들과 함께 서로 섬기는 것을 기쁘게 경험할 수 있기에 아이들이 참 즐거워합니다.

January

월급날 풍경 만들기

너는 마땅히 매 년 토지 소산의 십일조를 드릴 것이며 네 하나님 여호와 앞 곧 여호와께서 그의 이름을 두시려고 택하신 곳에서 네 곡식과 포도주와 기름의 십일조를 먹으며 또 네 소와 양의 처음 난 것을 먹고 네 하나님 여호와 경외하기를 항상 배울 것이니라 (신 14:22-23)

여러분 가정의 월급날은 어떤 모습인가요? 가족들과 맛있는 음식을 먹거나 사고 싶었던 물건을 사는 날인가요? 아니면 통장으로 입금되기 바쁘게 여기저기로 빠져나가 버린 월급 때문에 심란한가요? 그렇다면 그리스도인 가정의 월급날이 이런 풍경이 되면 어떨까요? 자녀들과 한번 시작해 보세요.

★ 부모님께 감사의 마음 전하기

월급날이 되면 통장으로 입금된 월급의 일부를 현금으로 찾아오세요. 그리고 자녀들과 함께 모여 아빠(엄마)의 수고에 감사를 표하도록 합니다.

"얘들아, 오늘은 아빠(엄마)의 월급날이야. 이번 한 달도 열심히 일하느라 애쓰신 아빠(엄마)에게 감사의 인사를 하자."

아이들이 "감사해요"라고 말하며 아빠(엄마)를 안아 줍니다.

★ 하나님께 드릴 것 준비하기

자녀들에게 이야기해 주세요.

"한 달 동안 아빠(엄마)가 열심히 일할 수 있도록 지켜주신 분이 누구일까? 그래, 맞아. 하나님이야. 아빠(엄마)에게 건강을 주시고 일할 수 있도록 지혜를 주셨지. 그래서 이 돈을 쓰기 전에 먼저 하나님께 감사하는 마음으로 드릴 헌금을 준비하려고 해."

헌금봉투를 준비하고 십일조와 선교헌금 등을 구별하여 봉투에 넣습니다.

★ 우리 가족이 쓸 것을 준비하기

나머지 금액을 가정의 살림을 책임지는 엄마, 또는 아빠에게 건네며 말합니다.
"이제 이 돈으로 한 달 동안 열심히 살림을 맡아 주세요. 한 달 동안 수고해 주실 엄마(아빠)에게 박수!"

아이들에게도 용돈을 주며, 먼저 십일조를 구별하고 한 달 동안 헌금할 것을 미리 떼어낼 수 있도록 도와줍니다.
"이건 너희에게 주는 용돈이야. 용돈을 쓰기 전에 하나님께 헌금할 것을 미리 준비해 놓자."

감사헌금 봉투를 준비해서, 자녀들이 직접 한 달 동안 하나님께 감사한 일들을 봉투에 적어 보도록 합니다. (아직 글씨를 쓸 수 없다면 그림으로 그리도록 합니다.)

★ 정리하면서

"얘들아, 우리에게 있는 것은 모두 하나님이 주신 것이란다. 하나님께 늘 감사하며 주신 기쁨을 누리는 우리 가족이 되도록 하자."

쓰리민 가정 이야기

요즘은 대부분 엄마, 아빠의 월급이 통장으로 들어오지요. 그래서인지 아이들은 일하는 수고가 얼마나 귀한지 잘 알지 못하는 것 같습니다. 어릴 적에 아버지가 한 달 동안 열심히 일해서 받은 월급봉투를 가지고 집에 오시면 그 월급봉투를 건네받으시던 어머니가 "수고하셨어요"라고 말씀하셨던 모습이 기억납니다.

남편의 수고를 아내가 격려하면 아이들은 그 모습을 보며 아버지에게 감사한 마음을 가지겠지요. 또한 부모가 하나님께 감사하는 마음으로 십일조를 드리면, 아버지를 통해 가정의 필요를 채워 주시는 하나님을 생각하는 마음이 새로워질 것이라는 생각이 들었습니다.

그러한 생각이 든 이후, 저는 월급을 은행에서 현금으로 찾아왔습니다. 번거로운 일이기도 하지만, 아이들과 감사의 고백을 함께하기 위해서였습니다. 아이들을 불러 모으고 한 달 동안 가정을 위해 수고하신 아빠에게 감사를 표하자고 했습니다. 그러자 아이들이 아빠에

게 "감사해요"라고 말하면서 한 명씩 돌아가며 아빠를 안아 주었습니다.

아이들에게 모든 것은 하나님의 것이니 감사하는 마음으로 십일조를 하자고 했습니다. 아이들이 봉투를 벌려가며 십일조와 저희 가정이 구별하여 드리는 헌금을 나누어 넣기 시작했습니다. 그리고 나머지 금액을 남편이 저에게 건네주며 말했습니다.

"이제 이것으로 한 달 동안 열심히 살림을 맡아 주세요. 한 달 동안 수고할 엄마에게 박수!"

신 나게 박수를 치는 아이들의 환호를 받으니 으쓱해지는 이 기분은 뭘까요? 더불어 아이들에게도 용돈을 주며 먼저 십일조를 구별하고 한 달 동안 헌금할 것을 미리 떼어낼 수 있도록 도와주었습니다.

그날 저녁 아이들과 함께 근사한 저녁식사도 했습니다. 아이들에게 하나님이 주신 물질로 우리가 즐겁게 먹고 마실 수 있음을 보여주기 위함이었습니다. 평소에 아이들이 먹고 싶어 했지만 선뜻 먹을 수 없었던 꽃게를 사와 쪄 먹었더니 아이들이 얼마나 좋아하던지요.

삶으로 가르치는 것. 저희 부부는 아이들에게 하나님께 드릴 헌금을 이렇게 가르치려 합니다.

February 2-1

말씀을 가까이하기

너는 또 그것을 네 손목에 매어 기호를 삼으며 네 미간에 붙여 표로 삼고
또 네 집 문설주와 바깥 문에 기록할지니라 (신 6:8-9)

> 유대인들은 하나님의 말씀을 이마와 손목, 문설주와 인방에 붙이고 반복적으로 가르쳤습니다. 말씀을 계속 암송하며 마음속에 새기게 하고, 그 말씀대로 행하는 순종의 삶을 살도록 한 것이지요. 우리의 가정도 눈이 닿는 곳마다 하나님의 말씀이 보이도록 해서, 온 가족이 그 말씀을 기억하고 말씀대로 살아갈 수 있게 되기를 바랍니다.

★ 말씀 액자 만들기

자녀들의 눈길이 잘 닿는 곳에 붙일 말씀 액자를 만들어 보세요. 특히 현관문에는 꼭 붙여 두는 것이 좋습니다. 그래서 자녀들이 집을 나설 때 소리 내어 말씀을 읽고 나갈 수 있도록 해주세요. 온 가족이 꼭 머물게 되는 화장실에 붙이는 것도 좋은 방법입니다.

준비물: 말씀을 인쇄한 종이, 말씀을 넣을 액자(두꺼운 종이나 골판지 등), 종이를 꾸밀 수 있는 재료들(색연필, 스티커 등), 양면테이프, 셀로판테이프

활동 방법

① 먼저 자녀들과 함께 읽기에 좋은 말씀을 골라 주세요. 뒤에 나오는 월별 말씀을 참고해 주세요.

② 매월 첫 날, 말씀을 인쇄한 종이를 가지고 자녀들과 모이세요. 말씀을 인쇄하기 어렵다면, 부모님이 종이에 말씀을 써 주세요.

"얘들아, 이 말씀이 우리가 한 달 동안 매일 읽을 말씀이란다. 우리 색연필과 스티커를 가지고 멋지게 꾸며 볼까?"

③ 말씀이 인쇄된 종이를 자녀들과 꾸민 후, 액자에 끼우거나 양면테이프로 두꺼운 종이(혹은 골판지)를 말씀 뒤에 덧대어 붙여 주세요.
"자, 이제 말씀 액자를 잘 보이는 곳에 붙여 보자."
④ 현관문, 화장실, 식탁 옆 등 잘 보이는 곳에 말씀 액자를 붙이세요.
"집을 나설 때나 밥을 먹기 전에, 또 화장실에서도 매일 말씀을 읽도록 하자."

★ 말씀 암송 파티하기

매월 마지막 날은 한 달 동안 읽었던 말씀을 암송하는 시간을 가져 보세요. 자녀들에게 완벽하게 말씀을 외워야 한다는 부담감을 주기보다, 한 달 동안 읽었던 말씀을 정리하는 즐거운 파티로 만들어 주세요. 부모님이 먼저 암송하는 모습을 보여 주면 자녀들에게 좋은 본이 되겠지요?

준비물: 빈 상자나 통, 탁구공(가족 수만큼), 네임펜, 간단한 다과

활동 방법

① 탁구공에 네임펜으로 번호를 적은 후 빈 상자에 담습니다.
"오늘은 우리가 한 달 동안 읽었던 말씀을 마음속에 다시 정리하는 암송 파티 날이란다. 여기 상자에 담긴 공을 뽑아서 순서를 정해 보자."
② 뽑은 공에 적힌 번호 순서대로 가족들 앞에 나와서 말씀을 암송합니다.
"이번에는 엄마가 암송할 차례네. 엄마가 나와서 말씀을 암송하겠습니다."
③ 자녀들이 완벽하게 외우지 못하고 머뭇거리더라도, 격려해 주고 칭찬해 주면서 즐겁게 암송할 수 있도록 도와주세요.
④ 가족들이 암송을 다 하고 나면, 간단한 다과를 함께 나누면서 축하하는 시간을 갖습니다. 말씀을 암송하면 작은 선물을 준비해서 주는 것도 좋습니다.
⑤ 시간이 지나면서 암송한 말씀이 누적되면, 그 달의 말씀뿐 아니라 그동안 외웠던 말씀을 다시 한 번 암송해 볼 수 있도록 합니다.

February 2-1

★ 정리하면서

"얘들아! 우리 언제나 하나님의 말씀을 가까이하는 가족이 되자. 그리고 무엇보다 말씀대로 살아갈 수 있도록 노력하자."

● 월별 말씀

1월(경외) 여호와를 경외하는 것이 지식의 근본이거늘 미련한 자는 지혜와 훈계를 멸시하느니라 (잠 1:7)

2월(성경) 모든 성경은 하나님의 감동으로 된 것으로 교훈과 책망과 바르게 함과 의로 교육하기에 유익하니 (딤후 3:16)

3월(고난) 그가 찔림은 우리의 허물 때문이요 그가 상함은 우리의 죄악 때문이라 그가 징계를 받으므로 우리는 평화를 누리고 그가 채찍에 맞으므로 우리는 나음을 받았도다 (사 53:5)

4월(부활) 예수께서 이르시되 나는 부활이요 생명이니 나를 믿는 자는 죽어도 살겠고 무릇 살아서 나를 믿는 자는 영원히 죽지 아니하리니 이것을 네가 믿느냐 (요 11:25-26)

5월(가정) 자녀들아 주 안에서 너희 부모에게 순종하라 이것이 옳으니라 (엡 6:1), 또 아비들아 너희 자녀를 노엽게 하지 말고 오직 주의 교훈과 훈계로 양육하라 (엡 6:4)

6월(하나님 사랑) 너는 마음을 다하고 뜻을 다하고 힘을 다하여 네 하나님 여호와를 사랑하라 (신 6:5)

7월(이웃 사랑) 둘째는 이것이니 네 이웃을 네 자신과 같이 사랑하라 하신 것이라 이보다 더 큰 계명이 없느니라 (막 12:31)

8월(기도) 너희가 내게 부르짖으며 내게 와서 기도하면 내가 너희들의 기도를 들을 것이요 너희가 온 마음으로 나를 구하면 나를 찾을 것이요 나를 만나리라 (렘 29:12-13)

9월(성령) 오직 성령의 열매는 사랑과 희락과 화평과 오래 참음과 자비와 양선과 충성과 온유와 절제니 이같은 것을 금지할 법이 없느니라 (갈 5:22-23)

10월(감사) 범사에 감사하라 이것이 그리스도 예수 안에서 너희를 향하신 하나님의 뜻이니라 (살전 5:18)

11월(전도) 그러므로 너희는 가서 모든 민족을 제자로 삼아 아버지와 아들과 성령의 이름으로 세례를 베풀고 내가 너희에게 분부한 모든 것을 가르쳐 지키게 하라 볼지어다 내가 세상 끝날까지 너희와 항상 함께 있으리라 하시니라 (마 28:19-20)

12월(성탄) 보라 처녀가 잉태하여 아들을 낳을 것이요 그의 이름은 임마누엘이라 하리라 하셨으니 이를 번역한즉 하나님이 우리와 함께 계시다 함이라 (마 1:23)

쓰리민 가정 이야기

아이들과 말씀을 암송하면서 어제까지만 해도 기억이 났던 말씀들이 오늘은 왜 이렇게 기억이 나지 않는 건지요. 아이들에게 말씀을 통해 훈계와 격려를 해주려 할 때에도 가물가물해지는 기억력이란.

그래서 아이들에게도 말씀을 가르쳐 주고 저도 말씀을 기억해 내기 위해 집안 곳곳에 말씀을 붙여 놓기 시작했습니다. 십계명과 사랑장이라 불리는 고린도전서 13장 말씀, 성령의 열매를 알려 주는 갈라디아서 5장 22-23절 말씀. 말씀이 보이기 시작하니 느슨해졌던 제 마음이 확 조여왔습니다.

그렇다고 꼭 말씀만 붙여 놓는 것은 아닙니다. 하나님의 마음을 잘 나타내 주는 가장 큰 계명 '하나님 사랑 이웃 사랑'이라는 글귀을 붙

여 놓기도 하고, 현관문 앞에 '하나님이 기뻐하시는 일 하루에 한 가지씩 잊지 말아요'라고 적은 글을 붙여 놓기도 합니다.

아이들이 집을 나서기 전 현관 앞에 붙여 놓은 문구를 입술로 꼭

고백하도록 하기도 합니다. 그리고 고백하며 밖으로 나가는 아이들에게 저는 이렇게 이야기하지요.

"말로만 하지 말고 기억해! 꼭!"

눈에 보이지 않았을 때와 눈에 보일 때, 우리의 마음가짐이 천지 차이임을 경험합니다. 말씀이 눈앞에 보이기 시작하니 말씀 앞에서의 제 삶을 돌아보게 되고 그 말씀에 합당한 삶을 살고 있는지 묵상하게 되었으니까요.

아이들 역시 마찬가지겠지요. 설사 아이들은 그러한 깨달음이 없다 할지라도 부모 된 저희의 모습을 보며 아이들은 배우겠지요. 말씀을 가까이에 두고 그 안에서 살고자 하는 부모의 가치관이 아이들에게 심겨지리라 믿습니다.

February 2-2

명절에 온 가족이 이야기 나누기

네 집 안방에 있는 네 아내는 결실한 포도나무 같으며
네 식탁에 둘러 앉은 자식들은 어린 감람나무 같으리로다 (시 128:3)

> 온 가족이 함께 모이는 즐거운 명절, 텔레비전 시청이나 어른들의 놀이로만 시간을 보내고 있지는 않나요? 오랜만에 함께 모인 가족들이 반가운 인사를 나눈 후에 마땅히 함께할 것이 없다면 서로를 향한 질문지를 이용해 이야기보따리를 풀어 보세요. 서로에게 몰랐던 부분들, 의미 있었던 사건들을 알 수 있는 좋은 기회가 될 것입니다.

★ 이야기보따리 풀기

준비물: 종이, 펜, 질문지를 넣을 수 있는 상자, 타이머

1. 진행자 한 명을 뽑아 주세요. 가족이 많을 경우 분위기가 지루해지지 않도록 진행자가 도와주세요. 사람 숫자에 따라 한 사람당 제한 시간을 정해 주세요.
2. 진행자는 모든 사람에게 종이를 나누어 주고, 그동안 가족들 사이에 하지 못했거나 궁금한 이야기들을 종이에 적게 해주세요.
3. 쓴 종이는 박스에 모으세요. 그리고 풍성한 나눔을 위해 진행자는 뒤에 나오는 예시를 이용한 다른 질문들도 넣어 주세요.
4. 질문 종이를 돌아가면서 하나씩 뽑으세요. 대답한 질문지는 다시 넣어 주세요. 만약 똑같은 질문지가 두 번 뽑히면 다른 질문을 뽑아 주세요.
5. 뽑은 질문을 한 번 읽어 주고 그에 맞는 답을 해주세요.
6. 답을 다 한 후에 다른 사람을 지목하면, 그 사람이 또 다른 질문지를 뽑고 대답해 보세요.

★ 기본적인 질문들

- 내가 지금 가지고 싶은 것은 무엇인가요? 왜 그런가요?
- 가장 슬펐을 때와 가장 기뻤을 때는 언제인가요?
- 부모님이 내게 한 말 중에 가장 기억에 남는 말은 무엇인가요?
- 나랑 가장 친한 친구는 누구인가요?
- 내가 가장 아끼는 물건은 무엇인가요?
- 다시 한 번 가고 싶은 여행지는 어디인가요?

★ 더욱 풍성한 나눔을 원한다면

- 지금까지 들었던 나를 인정해 준 말 중에 가장 기억에 남는 말은 무엇인가요?
- 기분이 안 좋거나, 힘들 때 컨디션을 회복하고 에너지를 채우는 자신만의 방법은 무엇인가요?
- 마음속에 떠올릴 때 기분이 좋아지는 단어 3개는 무엇인가요?
- 지금까지 삶이 당신에게 가르쳐 준 최고의 교훈, 지혜, 깨달음은 무엇인가요?
- 당신에게 돈은 어떤 의미인가요?
- 지금까지 당신에 대한 10대 뉴스를 꼽는다면 무엇인가요?
- 당신의 인생을 보여 주는 전시회를 연다면 어떤 그림이 걸려 있나요?
- 삶에서 더 배우고 싶은 것은 무엇인가요?
- 만약 소설가가 된다면 어떤 제목의 소설을 쓰고 싶나요?
- 내가 내 자신에게 줄 수 있는 최고의 선물은 무엇이 있을까요?

★ 정리하면서

"솔직한 대화를 나누며 우리 가족이 더욱 친해질 수 있어서 너무 좋구나. 가족끼리 서로 소통하며 친밀해질 수 있는 기회를 더 많이 만드는 가정이 되지."

쓰리민 가정 이야기

명절이 되어 가족들과 만나는 시간은 참 설레기도 하지만, 많은 가족들의 식사를 준비해야 하는 며느리들에게는 인내의 시간이기도 합니다. 비단 며느리뿐일까요? 사위는 처갓집에서 무엇을 해야 할지 몰라 난감하기도 하고 가족과 함께 있는 시간이 서먹하기도 할 겁니다.

명절이라 다 함께 모이긴 모였는데 서로에 대해 아는 것도 많지 않고, 어린아이부터 나이 많은 할아버지, 할머니까지 계시니 함께 생각을 나누는 시간을 갖기가 참 어렵습니다. 그러다 보니 명절을 지내고 오면 가족들과 만났다는 기쁨보다 자녀로서 책임을 다했다는 생각이 먼저 드는 게 사실입니다.

저희 가정 역시 명절에 아이들은 아이들끼리, 어른들은 어른들끼리 시간을 보내는 경우가 많았는데요. 이번에는 조금 특별한 시간을 보냈습니다. 가족이 다 모였을 때 남편이 가족 모두 팀

을 나누어 '스피드게임'을 하자고 제안한 것입니다. 너무 생뚱맞은 제안인 듯싶었지만, 다행히 오빠네 가족과 저희 부모님도 흔쾌히 받아주셨지요.

스피드퀴즈가 시작되었습니다. 아이들이 문제를 내고 어른들이 맞히기 시작합니다. 처음에는 쉬울 거라 예상했는데, 결코 만만치 않습니다. 연신 통과를 외치기도 하고 문제를 하나 맞히기라도 하면 환호성에 집이 떠나갑니다. 올해 일흔이 되신 아버지도 적극적이십니다.

몸으로 표현하는 스피드퀴즈에서 직접 몸을 사리지 않으며 문제를 내 주셔서 웃음바다가 되었지요.

3대가 함께 어울려 이야기하고 공감하고 마음을 맞춰가는 그 시간이 얼마나 즐거웠는지 모릅니다. 이처럼 조금만 지혜를 발휘하면 가족이 함께 모이는 명절이 특별하고 소중한 추억을 간직할 수 있는 시간이 될 수 있는 것 같습니다.

February 2-3

소중한 물 절약하기

하나님이 그들에게 복을 주시며 하나님이 그들에게 이르시되
생육하고 번성하여 땅에 충만하라, 땅을 정복하라, 바다의 물고기와 하늘의 새와
땅에 움직이는 모든 생물을 다스리라 하시니라 (창 1:28)

> 하나님은 우리를 창조세계의 청지기로 세우셨습니다. 따라서 자연을 아끼고 사랑하는 것은 우리의 필연적인 의무입니다. 그러나 우리는 우리에게 주어진 자원을 함부로 사용할 때가 많습니다. 우리가 무심코 내리는 변기 물 한 번이 어떤 나라에서는 일주일 동안 한 식구가 지낼 수 있는 양입니다. 어떤 사람은 흙탕물 2리터를 얻기 위해 하루 세 시간 이상 걸어야 합니다. 이제는 지구 반대편 사람들의 목마른 외침에도 함께 귀 기울여야 하지 않을까요?

★ 자녀와 함께 나누기

동물 친구들을 구하라

1. 동물 친구들은 왜 목말라 하고 있었을까요? 줄줄이와 펑펑이는 어떻게 물을 낭비하고 있었나요?
2. 토끼 친구, 곰 친구, 사슴 친구의 에너지 절약 힌트는 무엇이었나요?
3. 우리가 동물 친구들을 위해서 할 수 있는 일에는 무엇이 있을까요?

★ 양치하거나 세수할 때 물 받아서 쓰기

무심코 물을 틀어 놓으면 많은 물이 낭비됩니다. 양치할 때는 컵을, 세수할 때는 세숫대야나 세면대를 꼭 이용해 주세요. 잊어버리지 않도록 화장실 거울에 '물을 받아서 써요!'라고 붙여 보세요.

"양치할 때 흐르는 물에 입을 헹구면 컵에 받아서 하는 것보다 10배나 많은 물을 쓰게 돼. 우리 이제부터 물을 쓸 때는 컵에 받아서 쓰도록 하자. 세수할 때도 물을 꼭 받아서 쓰고!"

★ 변기에 패트병 넣기
준비물: 벽돌이나 1.5리터 패트병 1개

수세식 변기의 물통에 벽돌이나 자갈을 넣은 유리병, 혹은 패트병을 넣으면 많은 양의 물을 절약할 수 있습니다.

"소변이나, 대변에 똑같은 양의 많은 물이 사용되지? 이렇게 패트병(벽돌)을 넣으면 이 무게만큼 물이 덜 들어가서 적은 물로도 변기 물이 내려갈 수 있단다."

> **TIP**
>
> 1. 설거지와 빨랫감은 모아서!
>   설거지 전에 기름기와 음식물 찌꺼기를 한 번만 닦아도 60%의 물을 절약할 수 있어요.
> 2. 정수기 대신 끓인 물 먹기!
>   정수기를 사용하면 많은 물과 전기가 들어요. 물을 끓여 먹으면 취향에 맞는 차도 만들어 먹을 수 있어요.

★ 정리하면서
"물이 풍족한 나라는 한 곳도 없어. 우리나라도 물이 부족한 나라란다. 생활 속에서 물을 절약하면서 하나님이 주신 자연을 잘 지켜가는 우리 가족이 되자."

쓰리민 가정 이야기

요즘에는 수도꼭지를 틀면 바로 나오는 것이 물이고, 언제나 주위에서 물을 공급받을 수 있지만, 그렇다고 필요 이상으로 사용하는 것은 "이 땅을 다스리라"고 하신 하나님의 명령에 어긋난 습관입니다. "다스리라"는 것은 필요할 때 잘 사용하되 낭비하거나 훼손시키지 말고 잘 보존하라는 의미도 포함되어 있으니까요.

그래서 아이들에게 물을 절약해 보자고 제안하며 어떻게 하면 좋을지 물어보았습니다. 아이들이 손을 들고 이야기합니다.

"양치할 때, 세수할 때 물을 받아서 하기!"
"목욕할 때도!"
"설거지할 때 물 틀어 놓고 하지 않기!"

엄마를 도와 설거지를 자주하는 아들들의 대답다웠지요. 큰아이들은 학교에서도 배웠던 이야기였기에 쉽게 절약하는 방법을 나누었습니다.

요즘 학교 교육이나 텔레비전 광고를 통해서 물 절약 캠페인을 하곤 하지요? 그런데 그 이유는 저희의 가치관과는 다릅니다. 한정되어 있는 자원인 물이 부족해지면 결국 내가 불편해지기 때문에 지금부터 잘 사용해야 한다는 것이지요. 물론 이 같은 이유가 잘못됐다고 할 수는 없습니다. 물을 절약해야 한다는 경각심을 갖게 하는 것도 필요하기 때문입니다.

하지만 저는 자신을 위해 자연을 아끼기보다, 하나님이 주신 것에 감사하는 마음과 하나님의 명령을 잘 지키고자 하는 마음으로 절약하는 것이 더 중요하다고 생각합니다. 그래서 아이들과 창세기 1장 28절 말씀을 함께 읽고 이야기를 나누었지요. 그러고 난 후에 물을 사용하게 될 때면 저부터 아이들과 나누었던 말이 떠올라 물을 자주 잠그고 아끼려 노력하게 되더군요.

아직 아이들에게는 물을 사용할 때마다 자주 이야기를 해주어야 하지만, 물을 아껴 써야 한다는 인식만큼은 뚜렷해진 것 같습니다. 그 대화가 있기 전에는 세숫대야가 무엇인지도 모르던 막내가 이제는 물을 받아서 세수를 해야 하는 데 세숫대야는 언제 사 올 거냐며 물어보는 걸 보면 말이지요.

March 3·1

3·1절에 태극기 달기

너희가 내게 대하여 제사장 나라가 되며 거룩한 백성이 되리라
너는 이 말을 이스라엘 자손에게 전할지니라 (출 19:6)

여러분은 국경일을 어떻게 보내고 계신가요? 마음껏 쉬는 즐거운 휴일로만 보내고 계신가요? 목숨도 아끼지 않고 나라를 지켰던 분들을 기억하며 나라를 위해 기도하는 일을 그리스도인인 우리가 앞서서 해야 하지 않을까요? 가족들과 3·1절의 의미를 기억해 보고, 태극기에 대해서 배워 보는 기회를 가지시기 바랍니다.

★ 태극기 달기

준비물: 태극기, 국기봉, 스케치북(또는 흰 종이), 크레파스 또는 색연필, 나무젓가락, 투명테이프

활동 방법

① 3·1절의 의미 알려 주기

"얘들아! 3·1절이 어떤 날인지 알고 있니? 1910년부터 일본은 우리나라를 빼앗아 다스리기 시작했어. 힘으로 우리나라에 쳐들어 와서 우리나라 사람들에게 일본말을 쓰게 하고, 먼 나라로 끌고 가서 일을 시키고, 땅을 빼앗고, 일본에 반대하는 사람들을 죽이고 감옥에 가두고…. 정말 너무나 힘든 시기를 보냈단다. 그래서 1919년 3월 1일, 우리나라를 되찾기 위해서 일본에 맞서 대한독립만세를 외쳤지. 어린아이들도 학생들도 할아버지, 할머니까지 손에 태극기를 들고 대한독립 만세를 간절히 외쳤어. 이런 우리 조상들의 마음과 정신을 기념하기 위해서 이날을 1949년에 국경일로 정했단다."

② 태극기에 담긴 뜻 알기

"그럼 이제 여기 있는 태극기를 보면서 모양들의 의미를 설명해 줄게. 우리나라 국기인 '태극기'는 흰색 바탕에 가운데 태극 문양과 네 모서리의 건곤감리로 구성되어 있어. 건(乾)은 하늘을, 곤(坤)은 땅을, 감(坎)은 물을, 이(離)는 불을 뜻한단다."

③ 태극기 그리고 "우리나라 파이팅!" 외치기

태극기를 보며 스케치북에 직접 그려 보도록 합니다. 자녀가 어려서 태극기를 그리기 어렵다면 태극기 흑백그림을 출력해서 색칠하도록 합니다. 완성한 태극기 옆쪽에 나무젓가락을 붙여서 손에 들 수 있도록 손잡이를 만듭니다. 그리고 손에 태극기를 들고 다함께 "우리나라 파이팅!"을 외쳐 봅니다.

④ 태극기 달기

자녀들과 함께 준비한 태극기를 집 밖에 달아 봅니다. 국기, 깃대, 깃대꽂이, 케이스는 인터넷에서 구입할 수도 있습니다.

언제 태극기를 달면 될까요?
- 5대 국경일 (3·1절, 제헌절, 광복절, 개천절, 한글날), 국군의날 및 정부지정일
- 조기를 다는 날: 현충일, 국장 기간, 국민장 및 정부지정일

★ 정리하면서

"얘들아, 목숨을 버리면서까지 나라를 지키기 위해 애썼던 많은 분들을 기억하면서 감사하자. 그리고 나라를 위해 기도하는 우리 가족이 되도록 하자."

쓰리민 가정 이야기

매년 3월 1일이 되면 아이들과 함께 태극기를 집 앞에 답니다. 나라의 독립을 위해 외쳤던 많은 이들의 소망이 깃든 날이며, 나라를 사랑하는 우리 선조들의 삶을 기억하고 배울 수 있는 날이라는 것을 아이들에게 가르쳐 주고 싶었기 때문입니다. 그리고 그러한 역사 속에서 하나님이 일하시고 인도하신 것에 감사하는 시간도 가질 수 있기도 하고요.

많은 이들의 수고와 헌신 그리고 죽음을 통해 지금 우리가 자유를 선물로 받은 것처럼, 이제 너희에게는 복음과 사랑으로 정의롭고 정

직하게 이 땅을 다스릴 책임이 있다고 아이들에게 말해 주었습니다. 이러한 이야기가 아직 아이들에게는 이해가 되지 않고 자신과 무슨 상관이 있는지도 잘 모르겠지만, 언젠가 아이들이 하나님 앞에서 소명을 발견하게 될 나이쯤에는 이 땅에서 가져야 할 그리스도인으로서의 책임감을 깨닫게 될 것을 믿기 때문입니다.

우리 아이들이 대한민국이라는 나라에서 태어난 것을 자랑스럽고 감사하게 여기기를 기도합니다. 그러기 위해 이 나라가 불법과 불의에서 벗어나 정직과 공의가 실현되는 나라가 되기를 더불어 기도합니다. 지금 이 세대의 아픔과 상처가 다음 세대에는 경험되지 않기를 기도합니다.

아이들과 함께 이 땅에서의 사명감을 다시 한 번 기억할 수 있기에, 3월 1일은 저희 가정에게 특별한 날입니다. 또한 지금 이 세대를 살고 있는 기성세대로서 책임과 부담을 느끼는 날이기도 합니다.

March

사순절에 십자가 사랑 기억하기

그는 실로 우리의 질고를 지고 우리의 슬픔을 당하였거늘
우리는 생각하기를 그는 징벌을 받아 하나님께 맞으며 고난을 당한다 하였노라 (사 53:4)

자녀들과 사순절을 보내며 예수님의 사랑과 은혜를 더욱 깊이 마음에 새기는 시간이 되기를 소망합니다. 그렇다면 어떻게 해야 자녀들과 사순절을 의미 있게 보낼 수 있을까요? 예수님의 고난에 동참하며 그 사랑의 의미를 깊이 묵상할 수 있는 방법에 대해 알려 드립니다.

★ 강낭콩을 키우며 예수님의 사랑 기억하기

예수님이 십자가에서 죽으심으로 우리는 구원을 얻었고 영원한 생명을 선물로 받았습니다. 40여일의 사순절 기간 동안 작은 한 알의 콩이 또 다른 생명의 열매를 맺는 것을 지켜보며, 온 세상을 구원하신 예수님의 위대한 사랑을 자녀와 함께 기억해 보세요.

준비물: 강낭콩, 배양토, 화분(종이용기 또는 페트병)
• 강낭콩 키우기 세트는 인터넷에서 구매할 수 있습니다.

활동 방법
① 강낭콩을 반나절 정도 물에 불립니다.
② 화분에 배양토를 넣고 불린 강낭콩(2~3알)을 심습니다.
③ 화분을 햇빛이 잘 드는 곳에 두고, 매일 적당한 양의 물을 줍니다.
④ 약 6일 정도 지나면 싹이 트고 떡잎이 나옵니다. 그리고 약 35일이 지나면 강낭콩이 자라서 꽃을 피우게 됩니다.

★ 십자가의 길 걷기

자녀들과 예수님이 걸으셨던 십자가의 길을 함께 걸으며, 그 속에 담긴 예수님의 사랑을 느껴 보는 시간을 가지면 어떨까요?

• 동신 기도원(경기 양주)

동신 기도원에 있는 십자가의 길은 예수님이 겟세마네 동산에서 기도하시던 장면부터 십자가에 달려 돌아가시고 부활하시기까지의 사건들을 재현해 놓은 곳입니다. 본래 십자가의 길은 예수님이 직접 걸어가신 예루살렘에 자리하고 있지만, 더 많은 성도가 원활하게 순례할 수 있도록 세계 곳곳에 비슷한 형태로 조성되어 있기도 하지요.

• 광림 수도원(경기 광주)

광림 수도원의 기도 동산은 수도원 뒤쪽의 동산에 예수님의 대표적인 사역들을 조형물로 만들어 놓은 곳입니다. 어린이를 축복하시는 예수님, 병 고치시는 예수님, 풍랑을 잔잔하게 하시는 예수님, 향유를 붓는 여인과 예수님, 최후의 만찬과 발을 씻기시는 예수님, 겟세마네 동산에서 기도하시는 예수님, 골고다 언덕에서 십자가에 못 박히신 예수님, 엠마오 도상의 제자들과 부활하신 예수님, 빈 무덤과 승천하신 예수님을 동산을 따라 걸으며 만날 수 있습니다.

활동 방법

① 각 장소에 도착하면 그곳에 적혀 있는 말씀을 읽습니다. 그리고 재현되어 있는 모습을 보며 어떤 장면인지, 또 어떤 느낌인지 자녀들과 나눕니다.
② 이야기를 나누고 난 후 다음 장소로 출발하기 전에 가족들이 한 명씩 기도하도록 합니다.
③ 다녀온 후 가장 기억에 남는 장면을 그림으로 그리며 이야기를 나눕니다.

March 3-2

사순절의 뜻

한문으로 일순(一旬)은 열흘을 말합니다. 그러나 기독교에서의 사순절(四旬節)은 부활절 전에 금식하는 40일간의 절기를 뜻합니다. 40이라는 숫자의 개념은 모세와 엘리야, 특히 예수님의 40일 금식에서 유래되었습니다. 오늘날에는 금식을 강조하기보다는 경건의 훈련과 구제 등의 활동으로 변화되었습니다.

★ 정리하면서

"얘들아, 하나뿐인 아들 예수 그리스도를 내어주신 하나님의 큰 사랑을 마음 가득 느끼고 기억하는 우리 가족이 되자."

쓰리민 가정 이야기

고난주간을 좀 더 묵상하고 기억할 만한 시간으로 보내고 싶어 남편과 고민하다가 양주시 동신기도원에 있는 '십자가의 길'에 다녀왔습니다.

예수님이 겟세마네에서 기도하시는 장면부터 고난을 받으시고 부활하시기까지의 상황을 조형물로 그대로 재현해 놓았기 때문에 아이들과 함께 눈으로 보고 만져 보기도 하며 예수님의 사랑을 경험할 수 있있습니다. 더욱이 제일 마지막 코너에서는 진짜 십자가를 지고 갈 수 있는 곳도 마련되어 있어서 아이들에게 더 기억에 남을 거라 여겨졌지요.

십자가의 길을 올라가기 전, 남편은 아이들에게 "예수님의 고난을 묵상하며 경건하고 조용히 가자"라고 말했습니다. 침묵으로 발걸음을 땐 아이들은 한 코스, 한 코스를 지나가면서 아빠의 부

연 설명을 듣고 예수님께 기도하는 시간을 가졌습니다. 십자가에 못 박히신 예수님 앞에서는 막내 다민이가 시키지도 않았는데 무릎을 꿇고 "우리를 위해 이렇게 아프게 돌아가신 예수님, 감사합니다!"라는 기특한 고백도 했고요.

그런데 지민이가 예수님이 가시면류관을 쓰신 조형물에 가까이 다가갔을 때, 가시면류관에 손가락을 진짜 찔리는 일이 생겼습니다.

"엄마, 나 예수님 가시관에 찔렸어!" 하며 아파하는 지민이 주위로 가족들이 모두 모여들었습니다. 많이 아프냐며 걱정하고 위로하는 중에 아이들에게 나누고 싶은 이야기가 생각났습니다.

지민이의 손가락에 송글 맺혀 있는 피를 보며 "지민아, 괜찮니? 정말 아프겠다. 그런데 그 아픈 가시관을 예수님은 머리에 쓰셨으니 얼마나 아프셨겠니. 그 아픔은 너의 아픔보다 훨씬 더 상상할 수 없을 정도로 컸을 거야. 그러한 고난과 고통을 우리를 사랑하셔서 기꺼이 담당하셨던 예수님을 기억하면 좋겠어."

제가 하는 말을 듣고 아프다며 눈물을 흘리던 지민이가 "진짜 이것보다 더 아프셨겠지?"라고 말합니다.

예수님이 고난 가운데 겪으신 고통을 조금이나마 경험했던 지민이. 아이들이 예수님의 고난과 고통만을 기억하는 것이 아니라 예수님이 십자가를 지신 의미와 우리를 향한 크신 사랑을 더욱 가슴에 새기기를 기도합니다.

고난주간을 시작하면서 예수님이 걸어가신 길을 말씀으로만이 아닌 직접 눈으로 보며 아이들과 이야기할 수 있어 무척이나 감사했습니다. 아이들이 우리를 위해 죽기까지 복종하시고 고난받으신, 그리고 부활하셔서 우리에게 부활의 소망이 되신 예수님을 기억하며, 감사하며, 사랑하며 살기를 기도해 봅니다.

March

등교 전에 기도해 주기

너희는 세상의 빛이라 산 위에 있는 동네가 숨겨지지 못할 것이요 (마 5:14)

우리 집 아침은 어떤 풍경인가요? 출근 준비, 등교 준비로 너무나 분주한 모습일 것입니다. 아무리 바쁜 아침이라도, 자녀들의 마음이 세상의 가치관에 다치거나 상하지 않도록, 그리고 하나님의 사람으로 선한 영향력을 드러내도록 기도해 주세요.

★ 이렇게 기도하기

1. 일정한 기도 자리를 준비해 보세요. 기도 탁자를 준비하거나 예쁜 방석을 준비해서 기도 방석으로 사용해 보세요.
2. 자녀가 등교하러 집을 나서기 전, 자녀를 안거나 자녀의 머리에 손을 얹고 기도해 주세요.
3. 자녀가 일어나기 전에 일찍 출근해야 한다면 자고 있는 자녀의 머리맡에서 기도해 주세요.

기도문 1

"사랑의 하나님, ○○가 오늘도 배움의 기쁨과 사귐의 기쁨을 느끼게 해주세요. 세상 속에서 하나님의 자녀로서 하나님이 기뻐하시는 모습으로 하루를 살아갈 수 있도록 도와주세요. 예수님의 이름으로 기도합니다. 아멘"

기도문 2

"사랑의 하나님, 오늘 ○○가 만나는 사람마다 ○○로 인해 행복하게 해주시고 ○○가 가는 곳마다 하나님의 사랑이 전해지게 해주세요. 힘든 일, 어려운 일을 만났을 때 이길 수 있는 용기와 지혜를 주세요. 예수님의 이름으로 기도합니다. 아멘."

4. 기도 후에는 자녀를 꼭 안고 이렇게 이야기해 주세요.

"엄마, 아빠는 ○○와 계속 함께 있지 못하지만 하나님이 너를 지켜주실 거야. 네가 어디에 있든 무엇을 하든 하나님이 함께하실 거야. 잘 다녀와. 사랑한다."

- 자녀와 다투었거나 다른 일로 부모의 감정이 상해 있더라도, 등교 기도는 거르지 마세요.
- 자녀가 학교에서 돌아온 후에도 기도해 주시면 더욱 좋아요. "하나님, 오늘도 우리 ○○를 지켜주셔서 감사합니다." 기도가 아니더라도 하교 후에 자녀와 나누는 따뜻한 인사와 대화도 자녀의 마음을 편안하고 행복하게 해줍니다.

★ 정리하면서

매일 아침, 부모님의 따뜻한 포옹과 기도는 자녀에게 든든하고 큰 힘이 될 것입니다. 내가 얼마나 소중한 존재인지, 그리고 얼마나 사랑받는 존재인지 알 수 있기 때문이지요.

쓰리민 가정 이야기

지금은 아이들과 함께 홈스쿨을 하고 있지만 2년 전만 해도 저희의 아침 풍경은 너무나 정신없었습니다. 스스로 일어나 학교에 가는 것을 힘들어하는 초등학교 1학년, 3학년 아이들이었기 때문이지요.

"이것 챙겼니, 저것 챙겼니"라는 말은 수도 없이 하지만, 정작 하나님의 마음을 꼭꼭 담으라는 말은 해주지 못하고 세상이라는 학교에 아이들을 내보내기 바빴습니다. 아이들을 학교에 다 보내고 나서야 정신이 드는 이 철없는 엄마. 그곳에서 세상의 가치관과 부딪힐 아이들의 걱정은 하지 않은 채 눈앞의 필요만을 강조하는 저의 모습에 실망도 많이 했지요.

그래서 결심했습니다. 아이들을 위해 축복기도를 해주기로요. 특별히 아빠가 아이들 머리에 손을 얹거나 꼭 안고 기도를 해주었답니다. 아이들의 영이 세상의 가치관에 다치거나 상하지 않도록, 하나님의 사람으로 그곳에서도 선한 영향력을 드러내도록, 하나님이 늘 함께하신다는 것을 기억할 수 있도록…. 아직 학교를 가지 않던 막내 녀석도 쪼르르 달려가 아빠에게 기도를 해달라고 머리는 내미는 모습에 웃기도 하고요.

부모의 기도를 받고 등굣길에 오르는 아이들의 모습에 반짝 빛이 납니다. 그리고 아이들과 함께하실 하나님을 믿게 되고 보게 됩니다. 매일 아침 분주함 가운데서도 우리를 지키시는 하나님의 은혜를 부모와 아이가 그렇게 또 기억합니다.

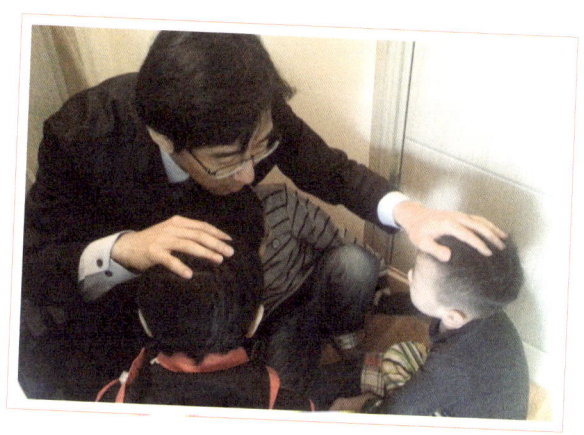

April 4-1

학교 친구를 위해 기도하기

그러므로 내가 첫째로 권하노니
모든 사람을 위하여 간구와 기도와 도고와 감사를 하되 (딤전 2:1)

> 학교는 아이들이 대부분의 시간을 보내는 공간입니다. 그리고 선생님과 친구들과의 관계는 아이들이 맺고 있는 관계의 대부분을 차지합니다. 요즘 학교에서 빈번하게 벌어지는 왕따 문제도 기도하는 한 명의 의인을 통해 사라질 수 있습니다. 반 친구들 한 명 한 명의 이름을 넣어 기도하면서 예수님의 사랑을 실천해 봅시다.

★언제 할 수 있을까?
아이들이 자기 전, 학교 가기 전, 혹은 가정예배 시간에 기도할 수 있어요.

★어떻게 할 수 있을까?
아이들이 자기 자신만을 위해서가 아니라, 나를 가르쳐 주시는 선생님과 친구들을 위해 기도할 수 있도록 지도해 주세요. 하루에 한 명씩 친구의 이름을 넣어가며 기도할 때 아이의 반뿐 아니라 우리 아이에게도 큰 변화가 있을 거예요. 아이들과 학교 친구에 대해서도 이야기해 보고 우리가 기도해 주어야 할 부분은 무엇인지도 서로 나누어 보세요.

★이렇게 기도하기

1. 선생님을 위해 기도하기

"하나님, 저희 반에 좋은 선생님을 주셔서 감사합니다. 선생님과 함께해 주셔서 우리 반 아이들을 골고루 사랑할 수 있는 따뜻한 마음을 부어 주세요. 수업하실 때 지혜롭게 잘 가르칠 수 있도록 가르침의 능력을 선물로 주세요."

2. 날짜마다 그 번호 친구를 위해 기도하기

"하나님 오늘은 15번 친구인 ○○를 위해서 기도합니다. ○○에게 건강을 주셔서 아프지 않게 도와주시고, 지혜도 주셔서 학교 공부를 잘하게 해주세요. ○○의 가정도 함께해 주셔서 사랑이 넘치고, 행복한 가정이 되게 해주세요."

TIP 담임 선생님에게서 반 친구들의 번호와 이름을 받아서 명단을 가지고 기도해요. 교회 친구나, 학원 친구를 위해서도 기도할 수 있어요.

3. 학교를 위해 기도하기

"하나님, 우리 학교의 교장, 교감 선생님과 다른 모든 선생님들이 성적이 좋은 것만 중요하게 생각하지 않게 하시고, 아이들에게 바른 가르침과 바른 가치관을 심어줄 수 있도록 도와주세요. 그래서 저와 친구들이 우리 학교에서 많은 것들을 배우고 하나님이 원하시는 일꾼이 되게 도와주세요."

TIP 홈스쿨링을 하는 아이들은 교회 친구와 교회를 위해 기도하는 시간을 가져요.

★ 정리하면서

"기도에는 큰 힘이 있어. 지금 이 순간 엄마, 아빠랑 잠깐 하는 기도이지만, 너의 기도로 인해 내일의 반 분위기는 달라질 수 있단다. 친구들을 더욱 사랑하고, 친구들을 위해 기도하는 우리 아들(딸)이 되자"

쓰리민 가정 이야기

큰아이 하민이가 초등학교 1학년 때 일입니다. 하민이와 제가 나란히 책상에 앉아 큐티를 하고 이야기를 나누었습니다. 이웃에게 사랑으로 대하고 마음을 아프게 하거나 실족시키지 말아야 한다는 말씀을 나누면서 하민이에게 이러한 질문을 했습니다.

"하민아, 혹시 하민이 반에도 왕따를 시키거나 친구들을 때리는 아이들이 있니?"

"우리 반에 두 명 있는데, 왕따를 시키는 건 아니지만 다른 친구들을 때리려고 하거나 욕을 하는 친구들이야."

그러고는 한마디를 덧붙입니다.

"나쁜 애들이야!"

순간 그 친구들을 나쁜 아이들이라고 선을 긋는 하민이의 마음을 바르게 잡아주어야겠다는 생각이 들었습니다.

"하민아, 그 아이들이 나쁜 행동을 하는 건 사실이야. 그렇게 다른 친구들에게 슬픔을 주는 아이들이 있으면 안 되겠지. 그런데 그 친구들을 나쁘다고만 이야기할 것이 아니라, 하민이처럼 예수님을 믿는 친구들이 사랑으로 더 기도해 주어야 해. 그 친구들 마음속에 예수님이 계시면 그 아이들도 하민이처럼 사랑하는 마음이 많아질 테니까."

그래서 그날은 큐티의 마지막을 하민이가 말했던 그 두 친구를 위해 기도하는 것으로 마쳤습니다.

"하나님! ○○○랑 ○○○가 예수님을 마음속에 모시고 살아서 교회에도 나오고 예수님을 믿는 친구들이 되게 해주세요. 예수님 이름으로 기도합니다. 아멘."

이렇게 기도하는 하민이의 고백을 우리 하나님이 들어주시기를 저도 함께 기도했습니다.

학교 친구들과 선생님의 만남이 하나님의 계획 안에서 이루어진 것이라는 믿음을 갖게 되니 반 아이들 하나하나가 소중하게 여겨졌습니다. 그리고 아이들의 다듬어지지 않는 성품과 기질이 하민이와 저의 기도를 통해서 다듬어지기를 진심으로 바랐습니다. 그리고 반 아이들을 책임지고 계시는 선생님을 위해서도 교사의 직분을 책임감과 성실함으로 잘 감당될 수 있도록, 아이들을 사랑으로 대할 수 있도록 기도했습니다.

큐티 나눔을 통해 하민이와 많은 시간을 함께하는 학교 친구들과 선생님을 위해 기도할 수 있어서 참 가슴이 따뜻했습니다.

April 4-2

온 가족이 함께 놀기

네 말로 의롭다 함을 받고 네 말로 정죄함을 받으리라 (마 12:37)

> 부모님의 고민 중 하나는 '우리 아이와 어떻게 놀아야 할까?'일 것입니다. 하지만 어떤 놀이를 하느냐보다 자녀들에게 더 필요한 것은 부모님이 함께해 주는 시간입니다. 자녀와 놀아 주려 하기보다 자녀와 함께 노는 시간을 가지시기 바랍니다. 자녀와 함께 웃고, 함께 즐기면서 말이지요.

★ 보드게임하기

1. 약속하기
보드게임을 진행하기 전에 아이들과 5가지 약속을 해보세요.

약속① 모든 가족이 함께 준비가 되면 보드게임을 시작해요.
약속② 보드게임에서 이겼다고 다른 사람을 비웃거나 우쭐대지 않아요.
약속③ 보드게임에서 졌다고 다른 사람에게 화풀이를 하거나 포기하지 않아요.
약속④ 보드게임을 마치고 다 함께 정리해요.
약속⑤ 보드게임을 마치고 서로 사랑과 격려의 인사를 해요.

2. 규칙대로 게임하기
준비물: 보드게임 〈도블〉

보드게임 〈도블〉은 6세 이상, 2~8명까지 함께하는 가족 게임이에요. 스피드 그림 찾기 게임으로 모두 55장의 카드로 구성되어 있고, 카드 안에 8가지 그림이 들어 있어요. 모든 그림 안에 딱 한 개의 동일한 그림이 있어서 어느 카드를 선택하더라도 한 개의 그림은 똑같아요. 카드를 열고, 찾고, 외치고를 반복하면서 5가지 미니 게임을 즐기세요. 아이들이 어려워할 수 있으니 부모님이 이해하기 쉽게 규칙을 설명해 주세요.

게임① 얼른 가져　같은 그림을 찾아 획득하는 방법
게임② 얼른 버려　같은 그림을 찾아 버리는 방법
게임③ 다 내 거야　같은 그림을 찾아 테이블에 있는 모든 카드 획득하는 방법
게임④ 친구야 미안　같은 그림을 찾아 다른 플레이어에게 주는 방법
게임⑤ 앗 뜨거　같은 그림을 찾아 손바닥에 카드를 놓고, 다른 플레이어 손바닥으로 보내는 방법

3. 응용하기

보드게임 〈도블〉은 '도블' 그림이 나왔을 때, "도블!"이라고 외치는 것이 게임의 규칙이지만, 다음과 같이 변형하여 놀이할 수 있어요.

버리는 게임을 할 때는 "도블!"이라는 말 대신, '미움, 다툼, 시기, 질투' 등으로 바꾸고, 가지는 게임을 할 때는 '사랑, 믿음, 소망, 양보' 등으로 바꾸어 게임을 진행해 보세요.

TIP

> 번갈아 게임을 설명하고, 규칙을 익힌 다음에는 설명을 듣지 않고 게임을 바로 진행합니다. 게임을 하는 것보다 중요한 것은 놀이를 통해서 가족이 하나 되고, 삶을 나눌 수 있는 문화를 만드는 것입니다.

April 4-2

★ 수건으로 공 튕기기

1. 준비물 준비하기
탄력이 좋은 고무공과 수건을 준비합니다.

2. 공을 튕기며 함께 놀기
부모와 자녀가 수건을 마주 잡은 다음, 수건 위에 공을 올려 튕깁니다. 공이 떨어지지 않도록 하며 몇 번 공을 튕겼는지 세도록 합니다. 아빠 팀, 엄마 팀으로 나누어 게임을 할 수 있습니다.

3. 사랑의 말도 함께하기
엄마, 아빠에게 듣고 싶은 말이나 자녀들이 엄마, 아빠에게 하고 싶은 말을 공을 튕기며 외칩니다.
예) (공 튕기며) ○○아 / 항상 / 엄마 / 잘 도와줘서 / 고마워

공을 떨어뜨리지 않으려는 활동이 신체 조절력과 균형 감각을 키워 줍니다.

★ 정리하면서

"함께 놀이할 수 있는 가족이 있어서 정말 행복해. 함께 즐기고 행복하게 시간을 보내고 나니 우리 가족이 더 소중하게 느껴지네. 우리 가족 만세!"

쓰리민 가정 이야기

　가정 안에서 건전한 놀이문화를 갖고 싶었던 저희 가정은 아이들과 무엇을 하면 좋을까 늘 고민합니다. 컴퓨터 게임에 관심이 많은 우리 세 아들 녀석들에게 충분히 즐길 수 있고 재미있는 다른 놀이를 소개해 주고 싶었기 때문입니다.
　그래서 저희 부부가 찾은 것이 바로 보드게임이었습니다. 일단 '게임'이라는 단어가 들어가니 순진한 우리 아이들은 무조건 좋아합니다. 더욱이 부모와 함께할 수 있는 놀이이기에 더욱 좋아했지요.

이제는 저희 가정의 저녁 일상에서 빠질 수 없는 것이 바로 보드게임 시간입니다. 아이들은 아빠가 집에 오기를 기다렸다가 꼭 이 질문을 던집니다.

"아빠, 또 교회 가? 교회 안 가면 우리 보드게임하자!"

교회 일로 바쁜 아빠를 최대한 배려하며 스케줄을 물어보지만, 사실 아빠와 함께 보드게임을 하고 싶다는 말을 하는 것이지요. 큰아이의 질문에 피곤하면서도 언제나 "좋아!"를 외치는 남편 덕분에 저희 가정은 저녁 시간의 대부분을 보드게임으로 보내게 됩니다.

가족이 함께하는 놀이라는 것도 큰 유익이지만, 보드게임을 통해 아이들에게 이기고 지는 것에 대해 가르쳐 주기도 합니다. 결과의 중요함보다 정직한 과정을 통해 얻는 만족을 알려 주는 것이지요.

아직 어린아이들이기 때문에 승부욕이 정말 대단합니다. 이긴 아이는 이겼다는 흥분 때문에 게임에서 진 아이에 대한 배려를 하지 못

합니다. 게임에서 진 아이는 패배감 때문에 이제껏 보드게임을 하면서 즐겼던 시간은 기억하지 못하고 슬퍼하며 화를 내기까지 합니다.

처음에는 이러한 아이들의 반응에 당황하기도 했지만, 그럴 때마다 보드게임의 과정을 통해 얻는 즐거움과 유익에 대해 이야기해 주었습니다. 그리고 부모인 우리가 먼저 이기고 지는 것에 반응하지 않고 최선을 다해 재미있게 놀이에 참여했습니다.

이제는 아이들도 제법 게임 과정에 흥미를 느끼고 재미를 경험합니다. 그리고 결과에 집착하지 않고 가족과 함께하는 것에 관심을 갖습니다. 저녁마다 아이들과 함께하는 추억이 차곡차곡 쌓여가고 있습니다.

April 4-3

부활의 기쁨 나누기

예수께서 이르시되 나는 부활이요 생명이니 나를 믿는 자는 죽어도 살겠고
무릇 살아서 나를 믿는 자는 영원히 죽지 아니하리니 이것을 네가 믿느냐 (요 11:25-26)

> Happy Easter! 여러분은 부활절을 어떻게 보내고 계신가요? 부활절은 예수님이 십자가에서 흘리신 보혈의 피로 우리가 새로운 존재가 되었음을 기억하고, 부활의 기쁨을 마음껏 누리는 절기입니다. 그러면 우리 가정에서는 어떻게 부활의 기쁨을 전하고 나눌 수 있을까요?

★ 이웃에게 부활의 기쁨을 전하기

자녀와 부활달걀을 꾸며서 이웃들에게 전해 보세요. 달걀을 꾸미며 부활절의 의미도 가르쳐 주고 이웃을 섬기는 기쁨도 느낄 수 있도록 해주세요.

준비물: 달걀, 종이 가방, 스티커, 메모지, 볼펜

활동 방법

① 달걀을 삶아서 준비합니다.
② 부활달걀의 의미를 자녀에게 설명해 줍니다.
   "애들아, 우리 이 달걀을 예쁘게 꾸며서 예수님의 부활 소식을 이웃들에게 전해 보자. 그런데 왜 달걀을 전하는지 알고 있니? 병아리가 달걀 껍데기를 깨고 나오듯이 예수님도 사망을 이기고 부활하셨다는 의미가 담겨 있단다."
③ 삶은 달걀에 스티커를 붙여서 장식합니다.
④ 준비한 메모지에 '예수님이 부활하셨어요!'라고 적습니다.
⑤ 꾸민 달걀과 메모지를 종이 가방에 담습니다.
⑥ 완성된 부활달걀을 가지고 나가서 이웃집 문에 걸어 둡니다.

★ 친구들에게 부활의 기쁨 전하기

자녀가 예수님을 모르는 반 친구들에게 예수님의 부활 소식을 전하고, 부활주일 예배에 초대할 수 있도록 도와주세요. 부활절에 한 생명을 영원한 생명의 길로 인도하는 것만큼 기쁜 일은 없겠지요?

준비물: 달걀, 투명한 비닐봉투, 스티커, 메모지, 펜, 사탕이나 젤리

활동 방법
① 달걀을 삶아서 준비하고 스티커로 달걀을 장식합니다.
② 장식한 달걀과 사탕(젤리)을 비닐봉투 안에 함께 넣습니다.
③ 메모지에 달걀을 줄 친구의 이름과 함께 아래의 내용을 적습니다.
> 친구야! 이번 주 일요일은 부활주일이야. 부활주일은 예수님이 우리 죄를 대신해서 십자가에 달려 돌아가셨다가 다시 살아나신 날을 축하하는 날이란다. 예수님이 사랑하시는 너와 함께 우리 교회에 같이 가고 싶어. 예수님이 너를 얼마나 사랑하시는 알려 주고 싶거든. 꼭 같이 가자!

④ 메모지를 봉투 안에 넣어서 친구에게 전해 줍니다.
⑤ 부모님은 달걀을 받은 친구의 부모님과 통화하여 교회에 같이 갈 수 있도록 허락을 받고, 몇 시에 어디서 만나 함께 갈지 구체적인 약속을 정합니다.
⑥ 달걀을 전해 준 친구와 함께 부활주일 예배에 갈 수 있도록 기도하고, 부활주일 이후에도 계속적으로 연락해서 교회에 함께 갈 수 있도록 합니다.

★ 정리하면서

"부활하신 예수님이 언제나 우리와 함께하신다는 것을 기억하고 살아가는 우리 가족이 되자. 그리고 예수님의 부활을 모르는 사람들에게도 이 기쁨을 전하는 우리 가족이 되도록 하자."

쓰리민 가정 이야기

　크리스마스가 되면 교회의 각 부서에서 예수님 탄생을 축하하는 마음을 담아 발표회를 열거나 이웃 나눔의 실천을 하는 것을 볼 수 있습니다. 예수님 오심을 기억하기 위한 축제는 언제나 그렇지만 기대가 됩니다.
　그런데 정작 예수님이 우리의 죄를 위해 죽으시고 새롭게 태어나신 부활절을 기념하고 이웃과 그 기쁨을 나누는 시간은 얼마나 갖고 계신가요? 부활의 첫 열매가 되셔서 우리에게 다시 살아남의 소망을 주신 예수님의 부활 소식은 그 어떤 것보다도 우리에게 가장 큰 의미요 증거입니다.
　부활절이 되면 아이들이 교회에서 달걀을 받아옵니다. 하지만 받은 달걀을 아이들과 저희만 배부르게 먹지 않았습니다. 죽음을 이기고 다시 사신 예수님의 이름을 이웃에게 알리면서 달걀을 하나씩 전해 드렸지요.

　아이들이 고사리 같은 손으로 "안녕하세요! 예수님이 부활하셨어요!"라고 말하며

달걀을 전해 드리면, 귀엽고 기특하다며 달걀을 받으시던 어르신들의 모습이 생각납니다. 평소에는 복음을 전하지 못했을지라도, 부활절을 맞아 아이들과 함께 용기를 내어 예수님의 이름을 전할 수 있어서 무척 기뻤습니다.

다시 사신 예수님! 이번 부활절은 그 기쁜 소식을 아이들과 함께 이웃에게 전하는 특별하고도 행복한 날로 보내면 어떨까요?

May

가족끼리 편지로 마음 나누기

근심이 사람의 마음에 있으면 그것으로 번뇌하게 되나
선한 말은 그것을 즐겁게 하느니라 (잠 12:25)

아이들이 제법 커가면서 순간순간 서로에게 이야기하지 못하는 일들이 많아집니다. 그때가 지나면 다시 이야기하기 어려워지고 그러다 잊어버리곤 하지요. 가족들이 마음을 나눌 수 있는 편지함이나 메모판을 만들어 보세요. 그날 하루 가족 누군가에게 섭섭했던 일들을 적을 수도 있고, 쑥스러워 말하지 못했던 감사했던 일들도 적을 수 있도록 말이에요.

★ 편지함에 내 마음 쏙!

준비물 : 편지함(쪽지를 담을 수 있는 투명한 유리병이나 통), 메모지, 펜

활동 방법

① 편지함을 준비하고 가족들이 잘 볼 수 있는 곳에 놓습니다.
② 편지함에 대해 설명해 줍니다. 아직 글씨를 쓸 수 없는 자녀는 부모가 대신 써 주거나 그림으로 그려 넣도록 합니다.
"애들아, 이건 우리 가족의 마음을 적어서 넣는 마음 나눔 편지함이란다. 매일 가족들에게 고마웠던 일이나 속상했던 일들을 적어서 넣는 거야."
③ 일주일 동안 적었던 글들은 토요일 가정예배 시간이나, 식사시간 또는 가족들이 모일 수 있는 시간에 서로 읽고 들어봅니다.
④ 이렇게 편지로 서로의 마음을 나누면 자녀들을 더욱 깊이 이해할 수 있고, 서로의 감정을 공유하며 끈끈해질 수 있습니다.
"엄마, 아빠도 너희가 이런 생각을 가지고 있는지 몰랐구나. 앞으로 너희의 마음을 더욱 잘 헤아리는 엄마, 아빠가 되도록 노력할게."

★ 메모판에 내 마음 샥!

메모판을 이용해서 마음을 나누면, 속상한 마음이나 오해들을 바로 풀어 줄 수 있는 장점이 있습니다.

준비물: 코르크판, 압정, 메모지, 펜 (또는 화이트보드, 보드마카)

활동 방법

① 메모판을 준비하여 가족들이 잘 볼 수 있는 곳에 걸어 둡니다. 메모판 대신 냉장고를 활용하여 자석으로 메모를 붙일 수도 있습니다.
② 가족에게 고마웠던 일이나 속상했던 일들을 적어서 메모판에 붙입니다.
③ 가족들이 엄마에게 고마운 일을 적었다면 엄마가 아래에 답장을 붙이고, 아빠에게 속상한 일을 적었다면 아빠가 답장을 적어서 붙여 줍니다.

TIP

자녀를 야단치거나 혼냈을 경우 다시 한 번 그때 일을 이야기하면서 당시에는 말할 수 없었던 사랑한다는 이야기를 꼭 써 주도록 합니다.

• 많이 할수록 좋은 말

미안해, 고마워, 언제나 사랑해, 정말 잘했어, 내가 잘못했어, 네가 자랑스러워, 그래도 괜찮아, 너로 인해 행복해

★ 정리하면서

"얘들아, 이 편지로 마음을 나누고 이해하면서 더 사랑하는 우리 가족이 되자. 그리고 마음이 어렵고 힘든 가족이 있을 때 서로를 위해 기도할 수 있는 우리 가족이 되도록 하자.

쓰리민 가정 이야기

아이들이 제법 커 가면서 순간순간 서로에게 이야기하지 못하는 일들이 많아졌습니다. 아이들뿐 아니라 부모인 우리도 그 순간이 지나가 버리면 다시 이야기를 꺼내기 어려워지더군요. 그래서 저희 가정은 가족들이 마음을 나눌 수 있는 편지함을 만들었습니다.

그날 하루 가족 누군가에게 속상하고 섭섭했던 일들을 적을 수도 있고, 쑥스러워서 하지 못했던 고맙고 감사했던 일들도 적을 수 있지요. 하루 동안 적었던 글들은 가정예배를 마치고 서로 읽어가는 시간을 갖습니다. 생각보다 참 재미있는 이야기들이 많이 나오더군요.

"아빠에게. 아빠 힘들지? 돈 벌어 와서 고마워. 돈 많이 벌어서 어려운 사람 도와주세요."

"엄마에게. 요리해 주셔서 감사해요."

"형아들. 나랑 놀아 줘서 고마워."

다민이는 거의 매일 이런 비슷한 이야기를 적고, 하민이나 지민이 같은 경우에는 대부분 감사한 이야기를 적지만, 형이나 동생의 잘못을 고자질하며 적기도 합니다.

남편과 저는 아이들을 혼냈을 경우 다시 한 번 그때 일을 이야기하면서 훈계와 더불어 당시에는 말할 수 없었던 사랑한다는 이야기를 꼭 써 주곤 합니다. 물론 아이들의 기특한 점이나 하루의 생활 속에서 칭찬하고 싶은 이야기도 적어 넣고요.

이렇게 편지로 서로의 마음을 나누니 가족들의 마음과 마음이 이어지는 듯합니다. 그리고 서로의 감정이 어땠는지 잘 이해할 수 있어 참 좋고요. 평소에 부끄러워 할 수 없었던 이야기들을 종이에 적어 마음을 표현하는 건 그리 어려운 일이 아닌 것 같습니다.

May

선교지에 편지 보내기

우리는 하나님의 동역자들이요 너희는 하나님의 밭이요 하나님의 집이니라 (고전 3:9)

그리스도인 모두에게는 선교적 사명이 있습니다. 선교편지를 통해 선교사님들의 사역을 지지하고 응원하며 하나님 나라를 이루어가는 가정이 되어 봅시다. 먼저 교회에서 후원하고 있는 선교사님들을 살펴보고 편지를 보낼 수 있는 선교사님의 주소와 연락처를 알아보세요. 만약 교회에서 후원하고 있는 선교지가 없다면 출석교회 교역자에게 문의하여 알아볼 수 있습니다.

★ 선교사님에게 편지하기

준비물: 편지지, 펜, 색연필

활동 방법

① 선교편지를 보낼 곳을 정한 후, 편지를 보낼 선교국가에 대한 자료들을 검색해서 준비합니다. (국기, 수도, 종교, 음식, 인사말 등)
　"우리 가족이 이번 달부터 한 달에 한 번씩 편지를 보낼 곳이 있어. 바로 태국에서 선교하시는 ○○○ 선교사님께야. 선교사님이 우리가 쓴 편지를 읽고 힘을 내실 수 있도록 돕고, 우리도 선교사님이 보내 주시는 선교지의 소식을 보며 함께 기도하는 것이지. 먼저 태국이 어떤 나라인지 함께 공부해 볼까?"
② 태국의 위치 (지도나 지구본을 보면서 이야기하면 더욱 좋습니다.)
　"태국은 동남아시아에 있는 나라야. 크기는 우리나라의 5배 정도 된다고 해."
③ 태국의 날씨
　"태국의 날씨는 열대기후로 일 년 내내 더운 날씨가 계속된대. 11월부터 3월까지는 비가 거의 오지 않는 건기, 4월부터 6월까지는 여름, 그리고 7월부터 10월까지는 비가 많이 오는 우기란다."

④ 태국의 인사말

"그럼 이번에는 태국 친구들이 어떻게 인사하는지 배워 볼까?"
- 안녕하세요, 안녕히 가세요 → 남자는 '사왓디캅', 여자는 '사왓디카'
- 감사합니다 → 남자는 '컵쿤캅', 여자는 '컵쿤카'

TIP

집에 프린터가 있다면 선교지의 국기를 흑백으로 출력한 후 자녀들과 함께 색칠합니다.

⑤ 종이를 준비하여 선교사님께 편지를 씁니다. 가족이 선교사님께 하고 싶은 말을 적어 봅니다.
- 첫 번째 편지에는 가족들을 소개하고, 앞으로 편지를 보내어 선교사님의 사역을 응원하고자 한다는 내용을 적도록 합니다. 그리고 가족사진도 편지 안에 함께 넣습니다.
- 글씨를 쓰기 어려운 자녀들은 그림을 그리도록 합니다.
- 우체국에 직접 가서 자녀들과 함께 선교편지를 발송하는 것도 좋습니다.

⑥ 분기에 한 번 정도 자녀들과 함께 선교지에 편지를 보내도록 합니다. 선교지에서 납상이나 기도편지가 오면 자녀들과 함께 읽고, 선교지를 위해 함께 기도하는 시간을 갖습니다.

TIP

선교편지 외에 물질적 후원도 함께할 수 있으면 선교사님들에게 큰 힘이 되겠지요? 저금통을 하나 마련하여 가족들이 함께 채워서 분기별이나 연 2회 선교비를 후원할 수 있습니다.

★ 정리하면서

"얘들아! 우리가 지금 직접 선교지에 갈 수는 없지만, 선교사님들을 위해 기도하고 편지를 쓰면서 온 세상에 복음이 전해지기를 힘쓰는 우리 가족이 되자."

쓰리민 가정 이야기

결혼을 하고 난 후부터 10년 이상 꾸준히 후원을 하고 있는 선교사님 몇 분이 계십니다. 사례비의 많고 적음에 따라 바꾸지 않고 일정 금액을 늘 처음과 같이 보내 드리고 있지요. 저희가 지금 이곳에서 할 수 있는 선교의 방법이라 생각되었기 때문에 재정이 조금 어려워지더라도 계속 후원의 끈을 놓지 않고 있었습니다.

그런데 어느 날 이러한 생각이 들었습니다. 후원은 하고 있지만, 정작 그분들의 삶과 사역에 관심을 가지며 기도를 한 적이 있는가? 먼 타국에서 치열하게 살아내는 그분들의 외로움과 헌신에 대해 함께 마음을 나눈 적이 있는가? 더욱이 아이들에게 그분들을 위해 기도하자고, 마음을 함께하자고 이야기한 적은 있는가?

이러한 질문을 해보니 제 자신이 무척 부끄러워지더군요. 그래서 하나님이 우리에게 주신 물질을 어떻게 사용하고 있는지에 대해 아이들에게 알려 주면서 후원하는 선교사님들을 소개해 주고, 더 나아가서 그분들에게 편지를 써 보게 하면 좋겠다는 생각이 들었습니다.

둘째 지민이에게 평소 친분이 있는 태국 선교사님 가정 중 또래 친구가 있어서 그 아이에게 편지를 써 보지 않겠냐고 물었습니다. 지민이는 갑작스러운 부탁에 어려워하다 마음을 바꾸어 편지를 쓰겠다고 하더군요. 남자아이 감수성으로는 표현할 수 없을 것만 같은 꽃그림을 그리면서까지요.

멋지게 색칠해서 편지를 정성껏 써내려 가는 지민이의 모습이 참 예뻐 보였습니다. 이 편지를 받을 그 친구 역시 마음이 기쁘겠지요.

이러한 작은 수고가 먼 타국에서 사역하시는 분들에게 의미 있는 선물이 된다면 그것이 우리가 할 수 있는 최고의 선교가 아닐까 생각해 보게 되었습니다.

May

에너지 절약맨 되기

하나님이 그들에게 복을 주시며 하나님이 그들에게 이르시되
생육하고 번성하여 땅에 충만하라, 땅을 정복하라, 바다의 물고기와 하늘의 새와
땅에 움직이는 모든 생물을 다스리라 하시니라 (창 1:28)

해마다 전력난이 이슈가 되고 있습니다. 에너지 소비가 많은 여름에는 전력공급이 중단되어 암흑 속에서 보냈다는 뉴스도 자주 보게 되지요. 한 가정의 작은 실천이 우리나라를 넘어 지구를 향한 사랑이라는 것을 잊지 않았으면 좋겠습니다. 하나님이 주신 창조세계를 아름답게 보호하는 것이 우리의 사명이자 의무이기 때문입니다.

★ 자녀와 함께 나누기

불빛이 사라졌어요

1. 박사님 생일에 불빛이 사라진 이유는 무엇일까요?
2. 사라진 불빛을 구하려면 어떻게 해야 할까요? 엔크와 린이 별 미션을 해결한 방법은 무엇이었나요?
3. 엔크와 린처럼 전기를 절약했던 경험이 있나요? 이야기해 보세요.

★ 에너지 절약맨 정하기

가정에서 쓰는 전력의 4분의 1이 불을 켜는 데 쓰입니다. 또한 가전제품을 사용하지 않더라도 플러그만 꽂혀 있으면 전기가 소모됩니다. 최근 컴퓨터, 에어컨, 텔레비전, 휴대전화 충전기 등의 사용이 증가하면서 대기전력의 소모도 높아지고 있습니다. 전기 사용을 줄이기 위해 각 방마다 에너지 절약맨을 정해 보세요.

"각 방의 에너지 절약맨들! 오늘도 불이 켜져 있는 방에 달려가서 불을 껐나요? 냉장고에서도 필요한 물건만 바로 꺼내서 먹고 사용하지 않는 전기제품의 플러그는 뽑아 놓자. 멀티탭 스위치도 꺼서 대기전력 사용을 없애도록 하자!"

★ 한 달에 한 번은 한 방에서 자기

일주일에 한 번은 온 식구가 한 방에서 자 보면 어떨까요? 다른 모든 전력 사용을 줄이고, 온 식구가 함께 자는 날로 정하는 거예요. 그동안 못했던 대화도 도란도란 나누면서, 온 가족도 행복하고 지구도 행복한 날을 만들어 보세요.

★ 에너지의 날에 동참하기

2003년 8월 22일은 그 해 전력소비가 역대 최고치를 기록한 날이었습니다. 그로부터 1년 뒤 에너지시민연대는 매년 8월 22일을 에너지의 날로 지정하여 여러 가지 전기절약 운동을 시행하고 있습니다. 이와 같은 운동에도 한번 동참해 보세요.

① 2시는 절약시간!
   오후 2시부터 5시까지 에어컨 끄기 또는 에어컨 설정 온도 2°C 올리기
② '불을 끄고 별을 켜다' 전국 동시 소등행사에 참여하기
   서울은 밤 8시 30분부터 9시 5분까지 35분 동안, 지역은 밤 9시부터 9시 5분까지 5분 동안 전등 끄기

여름에는 에어컨 대신 선풍기를! 겨울에는 전열기 대신 내복을!
계절별 과도한 냉·난방은 심각한 전력낭비를 불러옵니다. 에어컨 1대를 돌릴 전력이면 선풍기 30대를 돌릴 수 있습니다. 에어컨을 사용할 때는 선풍기도 같이 틀어서 전기를 절약해 보세요. 또 추운 겨울에도 전열기 대신 내복을 입는 것으로 전기를 절약할 수 있어요.

★ 정리하기

"우리는 눈에 보이는 물건을 아끼려고 노력하지만, 보이지 않는 전기는 잘 아끼지 못하는 것 같아. 보이지는 않지만 소중한 자원인 전기를 아끼려는 노력을 게을리하지 말자!"

쓰리민 가정 이야기

아이들과 함께 간단한 애니메이션을 보고 전기 절약을 해야 하는 이유와 중요성을 설명해 주었습니다. 그리고 사용하지 않는 전기를 절약하기 위해서 각 방마다 '에너지 절약맨'을 정해 아이들에게 책임을 지어 주었습니다. 자신이 맡은 곳에 불필요하게 사용되는 전기를 꺼야 하는 특수임무를요.

아이들은 참 신기하지요? 이전에는 불 끄라는 말에 꿈쩍도 하지 않던 녀석들이 "에너지 절약맨 출동!"이라는 말에는 영화 한 편의 주인공이 된 듯이 벌떡 일어나 불을 끄거나 필요 없이 돌아가는 전기제품을 탁탁! 끄는 걸 보면 말입니다. 꼭 놀이를 하듯 신 나게 임무를 완수

합니다. 다만 너무 캐릭터에 몰두해 버려서 필요한 곳에도 불을 끄는 부작용이 생겼지만 말입니다.

한 주 동안 에너지 절약맨으로 맹활약을 했던 막내 다민이가 '이번 주의 에너지 절약맨'으로 선정되었습니다. 사진을 한 장 뽑아서 방 한쪽에 붙여 놓았더니 어찌나 좋아하던지요. 이젠 말하지 않아도 각 방과 구석구석의 전기를 끄는 진정한 에너지 절약맨으로 변신한 다민이가 아마 다음 주에도, 그 다음 주에도 에너지 절약맨이 되지 않을까 싶네요.

June 6-1

시험 때 격려해 주기

우리에게 주신 은혜대로 받은 은사가 각각 다르니 혹 예언이면 믿음의 분수대로,
혹 섬기는 일이면 섬기는 일로, 혹 가르치는 자면 가르치는 일로 (롬 12:6-7)

왜 자녀의 성적표만 보면 못한 과목이 먼저 눈에 들어올까요? 왜 국어, 영어, 수학 등의 주요과목 점수만 보고, 체육이나 음악, 미술을 잘하는 것은 칭찬하지 못할까요? 모든 과목에서 다 100점을 받지 못하더라도 하나님이 우리 아이에게 주신 은사와 장기가 있다는 것은 잊지 마세요. 못한 과목만 보지 말고 잘한 과목을 칭찬해 보세요. 그리고 시험을 본 이후에는 수고한 것을 격려해 주세요.

★ 핀란드에서 시험의 의미

핀란드의 초, 중, 고등학교에서는 학생들의 점수를 다른 사람에게 공개하거나 등수를 매기는 것이 법으로 엄격히 금지되어 있습니다. 시험을 볼 때마다 이름 대신 고유번호를 표기해 다른 사람의 성적은 알 수 없도록 하지요. 핀란드 아이들에게 성적은 등수보다 자신의 지식을 확인하는 기회입니다. 만일 점수가 마음에 들지 않으면 다시 시험을 볼 수도 있지요. 아이들이 시험 등수에 연연하지 않는 것은 한 번의 시험으로 아이를 평가하지 않는 핀란드의 교육 시스템 덕분이기도 합니다. 시험으로 경쟁하는 교육에서는 결코 창의적인 인재를 낳을 수 없다는 것이 핀란드 교육자들의 생각입니다. 우리 아이들도 자신의 실력을 정직하게 확인하고 꿈을 꿀 수 있도록 부모님께서 힘이 되어 주세요.

★ 시험 후 칭찬 한마디

"우리 아들(딸)이 열심히 해서 좋은 점수를 받아 기쁘단다."
"우리 딸(아들)이 보통 때는 책상 앞에 잘 앉지 않는데, 시험을 위해서 밥 먹고 1시간 동안이나 공부해서 너무 기특하다고 생각했단다."

칭찬을 할 때는 구체적으로 준비했던 과정을 칭찬해 주세요. 다른 과목보다 조금이라도 나은 점수를 받은 과목이 있다면 그 과목을 칭찬해 주시고, 그 과목에 흥미를 느끼는 이유에 대해서도 물어봐 주세요. 시험 후 자녀와의 작은 소통이 아이들에게는 큰 힘이 됩니다.

★ 시험 후 이벤트

1. 편지 쓰기 또는 문자 보내기
아이와 부모가 서로 편지를 써서 보내 보세요. 아이는 시험에 대한 아쉬운 마음을 담고, 부모는 격려와 칭찬을 아끼지 않으며 앞으로 더 좋은 모습을 보여 줄 것에 대한 기대감(절대 부담감이 되지 않도록)을 표현해 보세요. 긴 편지가 부담스럽다면 짧은 문자에도 우리의 마음을 담을 수 있어요.

2. 시험 후 외식하기
시험을 보고 나면 후회와 자책하는 마음이 생길 수 있어요. 결과에 대해 판단만 하지 말고 우리 아이에게 힘을 북돋워 주면 어떨까요? 맛있는 음식을 먹으며 그동안의 수고를 칭찬하고, 혹 노력이 부족했다고 여겨지더라도 노력 자체를 인정해 주세요. 부모님의 인정과 칭찬이 아이를 바꿀 수 있는 열쇠입니다.

★ 정리하면서
"엄마(아빠)는 우리 딸(아들)이 열심히 노력해서 시험을 치른 것에 감사해. 언제나 주어진 것에 최선을 다해 노력하는 모습을 하나님은 기뻐하신단다. 우리 딸(아들), 정말 수고 많았어."

쓰리민 가정 이야기

큰아이 하민이가 초등학교 2학년이 되었을 때 제 마음에 조급함이 생겼었습니다. 다름 아니라 하민이의 학교생활에 대한 것이었습니다. 2학년 담임 선생님은 나이가 지긋하고 권위 있는 남자 선생님이셨습니다. 담임 선생님은 제게 "하민이는 좀 노력이 필요한 아이군요"라고 하셨습니다. 이 말을 들었을 때 얼마나 속상하고 눈물이 많이 났는지 모릅니다.

짧은 며칠의 시간으로 하민이를 그렇게 생각하신 선생님이 무척 야속했습니다. 하민이는 다른 아이들보다 새로운 환경에 적응하기가 좀 느린 것뿐인데, 엄마로서 한 번도 하민이가 부족한 아이라고 생각한 적이 없었는데…. 선생님의 한마디에 와르르 무너지는 제 모습이 한심하게 여겨지기도 했습니다.

하지만 마음을 추스르고 다시 한 번 하나님의 마음과 눈으로 아이를 바라보기로 결단했습니다. 학교에서 바라보는 기준으로 아이를 판단하는 것이 아니라, 이 아이를 이 땅에 보내신 하나님의 목적과 기준으로 바라보기로 마음을 먹으며 속상한 마음을 회복시키려고 노력했지요.

그런데 참 이상합니다. 그 후로는 아이에게 은근히 학습을 강요하게 되고, 필요한 문제집을 사려고 여기저기 살피게 되더군요. 받아쓰기 하루 전 날이면 눈에 불을 켜고 아이를 가르쳤고요.

사실 전에는 그렇게 학습을 강요하지 않았습니다. 받아쓰기를 하면 다음에 틀리지 않을 정도로만 봐 주었고, 단원평가를 보기 전 날에 시험공부를 시킨 적은 한 번도 없었으며, 예습보다는 복습에 중점을 두고 아이에게 스트레스 안 주는 선에서 이끌어 왔지요. 그런데 지금은 모두 100점이 되기를 바라며 씩씩대고 있는 제 모습을 보게 되었으니 말입니다.

그러던 어느 날 하민이가 수학단원평가를 받고 집에 왔는데, 한 번도 받아오지 않던 60점을 받아온 것입니다. 진짜 깜짝 놀라서 하민이에게 "20문제 중에서 8문제 틀린 거 정말 맞니?"라고 물어볼 정도였습니다.

지금 생각해 보면 20문제 중에 8개 틀린 게 뭐 어떤가 싶지만 그 점수를 보는 순간에는 어찌나 속상하고 화가 나던지요. 괜히 아이를 앞에 두고 "학교에서 선생님이 가르치실 때 경청은 잘 하니? 최선을 다해야지! 선생님이

뭐라고 생각하시겠니!"라며 다그쳤습니다. 그렇게 다그치는 중에도 '이것이 그리 중요한가'라는 생각에 마음이 복잡해져서 얼마나 괴로웠는지 모릅니다.

저의 다그침에 주눅이 들어 버린 하민이. 눈물이 그렁거리는 하민이의 모습에 제가 정신이 번쩍 났습니다. 수학 몇 문제 때문에 내 아이를 노엽게 만드는 부모가 되어 버린 것 같아 눈물이 쏟아졌습니다. 저 만큼 가 있는 하민이를 불렀습니다.

"하민아, 이리 와 봐."

고개를 푹 숙인 하민이가 제 앞으로 왔습니다. 그 모습만 바라봐도 눈물을 멈출 수가 없었습니다. 아이를 꼭 안아 주었습니다. 그리고 미안하다고 말했습니다.

"사실 엄마는 하민이가 뭐든지 다 잘했으면 좋겠어. 시험도 100점 맞았으면 좋겠고, 친구들한테두 인기가 많았으면 좋겠고, 선생님한테도 인정받는 하민이가 되었으면 좋겠어. 그래서 엄마도 모르게 하민이한테 화를 낸 것 같아. 그런데 사실 이것보다 더 중요한 건, 하민이는 이 땅에 분명한 사명과 목적이 있어서 하나님이 엄마한테 보내 주신 누구보다도 소중하고 귀한 아이라는 거야. 그 사실을 엄마가 잠깐 잊어버렸나 봐. 엄마가 괜한 욕심에 하민이한테 화를 낸 것 같아. 미안해. 정말 미안해."

이렇게 말하며 울어 버렸습니다. 그런 제 말에 하민이도 같이 웁니다. 서로 껴안고 우니 옆에 있던 지민이랑 다민이가 서로 속닥입니다.

"형아랑 엄마랑 다 우네."

두 동생의 대화에 하민이가 피식 웃습니다. 그리고 저도 같이 웃었습니다. 그리고 하민이와 함께 기도했습니다.

"하나님이 제게 정말 귀하고 소중한 아들을 주셨는데, 하민이를 하나님의 마음으로 보지 않고 세상의 가치관과 기준으로 바라보았던 것을 용서해 주세요. 하민이의 마음을 위로해 주시고, 최고가 아니라 최선을 다하는 아이가 되어 하나님의 기쁨이 되게 해주세요."

하나님의 눈으로 아이를 바라보는 것이 쉽지 않습니다. 처음에는 자신감이 넘쳤습니다. 그런데 막상 눈앞에 닥친 현실과 마음의 쓴 뿌리들은 그 일을 어렵게 합니다. 그래도 다시 힘을 내어 봅니다. 학습 성적을 아이의 평가기준으로 보지 않으렵니다. 이 아이를 보내신 하나님의 마음으로 아이를 바라보렵니다. 오히려 성적이 좋지 않아 낙담해 있는 아이에게 격려와 용기를 주는 부모가 되렵니다. 너의 존재만으로도 충분히 최고라고 이야기해 주는 부모가 되렵니다. 그렇게 제 자신이 먼저 바뀌고 성장해 나가기를 기도합니다.

June 6-2

6·25에 통일 생각하기

그는 우리의 화평이신지라 둘로 하나를 만드사 원수 된 것
곧 중간에 막힌 담을 자기 육체로 허시고 (엡 2:14)

"우리의 소원은 통일"이라는 노래를 모두 부르던 때가 있었습니다. 그러나 지금 우리는 진정으로 통일을 원하고 있나요? 통일이 되면 오게 될 경제적 어려움과 정치적 혼란이 걱정되어서, 혹은 지금 누리는 안정과 평화가 깨어질까 봐 통일을 바라지 않는 것은 아닐까요? 평화의 하나님은 우리가 하나 되기를 원하십니다.

★ 6·25 한국전쟁 이야기 나누기

1950년 북한의 갑작스러운 공격으로 전쟁이 일어나게 되었어요. 같은 민족끼리 싸우는 마음 아픈 전쟁이었지요. 북한은 중국군과 소련군의 도움을 받았고, 남한은 미국을 중심으로 다른 여러 나라의 도움을 받았어요. 3년간 전쟁이 계속되다가 1953년 7월 23일에 전쟁을 멈추기로 약속한 후 지금까지 남북한이 나누어진 상태가 계속되고 있어요.

★ 우리나라 지도 같은 색으로 색칠하기

지금도 우리나라는 휴전선을 중심으로 남과 북이 나누어져 있어요. 휴전선으로 인해 사랑하는 가족들과도 이별해야 했지요. 휴전선이 없어지고 통일 한국이 되는 날을 기도하며, 우리나라 지도를 출력하여 남과 북을 같은 색으로 색칠해 보세요.

★ 통일이 되면

1. 고향에도 못 가고 사랑하는 부모와 형제자매와도 헤어져야 했던 이산가족들이 서로 만날 수 있어요.

2. 교회에서 함께 예배할 수 있어요. 지금 북한 교회 성도들은 북한의 무서운 감시를 피해 지하교회에서 드러나지 않게 예배하고 있어요. 그들은 지금도 믿음을 지키기 위해, 통일을 위해 기도하고 있답니다.
3. 우리나라와 북한의 경제가 더욱 발전해요. 북한의 땅 속에는 많은 자원들이 묻혀 있기 때문에 남북한의 자원들을 활용하는 많은 산업이 발전할 수 있어요.
4. 우리나라의 평화는 세계의 평화와도 연결돼요. 우리나라는 세계 유일의 분단국가로서 전쟁의 위험과 불안이 있는 나라예요. 전쟁의 공포에서 해방되어 참다운 평화를 누릴 수 있고, 평화로운 세계가 되는 데 기여할 수 있어요.

★ 아이들과 통일에 대해 이야기하기

1. 통일이 된다면 가장 하고 싶은 것이 무엇이니? 북한 친구 사귀기? 평양에서 평양냉면 먹기? 광개토왕릉에 견학가기? 정말 많은 일을 할 수 있을 것 같아.
2. 통일된 우리나라에서 할 수 있는 것은 무엇일까? 예를 들어 평양, 개성에도 많은 사람이 살 수 있을 거야. 어쩌면 기차를 타고 중국과 유럽도 갈 수 있을지 모르지. 통일된 우리나라 모습을 상상해서 이야기해 보자.

★ 임진각, 통일전망대 가 보기

임진각에서 평화열차도 타고, 달리고 싶은 철마에서 사진도 찍어 보세요. 그리고 북한 땅을 망원경으로 바라보며 함께 기도해요.

★ 정리하면서

"같은 민족끼리 총을 맞대고 떨어져 살아가는 슬픈 나라는 우리나라밖에 없어. 우리나라가 통일되어 함께 예배하고, 서로 사랑할 수 있도록 기도하자."

🏠 **쓰리민 가정 이야기**

　작년 6·25즈음에는 집에서 가까운 용산전쟁기념관에 다녀왔습니다. 아이들에게 전쟁의 참혹함과 그 일로 인해 우리가 배워야 할 점에 대해 알려 주기 위해서였지요.

　예전에는 박물관에 가면 그냥 운동장처럼 뛰어다니다가 왔던 기억이 많은데, 아이들이 조금 커서인지 생각보다 훨씬 진지하게 글도 읽고 미디어도 시청하면서 잘 관람하더군요. 물론 저도 아이들에게 글도 읽어 주고 설명도 해주며 열심을 내기도 했고요.

　올해에는 아이들과 임진각에 다녀왔습니다. 좀 더 가까이 북한 땅

을 볼 수 있을 만한 장소를 찾다가 임진각을 선택한 것이지요. 망원경으로 한국전쟁의 대표 유산인 자유의 다리와 우리 귀에 익숙한 '철마는 달리고 싶다'의 철도중단점도 볼 수 있었습니다. 북한과 남한이 오가던 당시 운행되었던 폭격 맞은 열차도 눈으로 직접 볼 수 있었고요.

아이들은 나들이 온 것처럼 마냥 즐거웠을지 모르겠지만, 저는 왠지 가슴이 먹먹해졌습니다. 만나고 싶어도 만날 수 없는 가족들을 그리워하는 이산가족의 아픔이 느껴졌기 때문입니다.

닿을 듯 닿지 않는 북한 저 너머를 바라보며, 언젠가는 하나 되는 그날이 오기를 진심으로 기도합니다. 그리고 6·25와 같은 동족 간의 비극적인 전쟁이 다시는 일어나지 않기를 기도합니다.

June 6-3

의미 있는 생일 보내기

너의 하나님 여호와가 너의 가운데에 계시니 그는 구원을 베푸실 전능자이시라
그가 너로 말미암아 기쁨을 이기지 못하시며 너를 잠잠히 사랑하시며
너로 말미암아 즐거이 부르며 기뻐하시리라 하리라 (습 3:17)

> 그리스도인 가정에서는 생일을 어떻게 축하하면 좋을까요? 형식적으로 치르는 생일 축하 의식 대신, 이제는 조금 더 뜻깊은 축하 자리를 온 가족이 함께 마련해 보세요. 그리고 우리에게 생명을 주신 하나님께 감사하며 의미 있는 선물을 할 수 있도록 인도해 보세요.

★ 온 가족이 모여 생일 축하하기

생일날 온 가족이 함께 모여서 이렇게 축하해 보는 건 어떨까요?

○○의 생일 축하 잔치

*예배 인도 : 부모/조부모

인도자 : 지금부터 사랑하는 ○○의 ○○번째 생일 축하 잔치를 시작하겠습니다.

찬양 ──────── 당신은 사랑받기 위해 태어난 사람 ──────── 다같이

○○를 위한 축하와 감사의 기도 ──────────────── 부모/조부모
"하나님, 오늘 ○○의 생일을 축하하며 온 가족이 함께 모였습니다. ○○를 우리 가정에 선물로 보내 주시고 지금까지 건강하게 자라게 하신 은혜 감

사드립니다. 앞으로도 ㅇㅇ가 하나님과 모든 사람에게 사랑받는 자녀로, 그리고 그 사랑을 전하고 나누는 자녀로 살아갈 수 있도록 도와주세요. 예수님의 이름으로 기도합니다. 아멘."

말씀 읽기 ──────────── 스바냐 3장 17절 ──────────── 다같이

ㅇㅇ에게 축하의 말 전하기 ─────────────────── 다같이
가족들이 카드나 편지지에 축하의 말을 미리 준비해 두었다가 한 명씩 돌아가며 읽도록 합니다.
"ㅇㅇ아! 엄마(아빠)의 딸(아들)로 태어나 줘서 정말 고마워. 엄마는 ㅇㅇ가 있어서 정말 행복해. 앞으로도 건강하게 행복하게 자라렴. 언제나 네 옆에서 응원하고 기도할게."
"오빠! 생일 축하해. 나랑 잘 놀아 주고 내 오빠가 되어 주어서 고마워."
"ㅇㅇ아! 할머니는 네가 있어서 얼마나 행복한지 모른단다. 지금처럼 ㅇㅇ가 하나님을 기쁘시게 하는 자녀로 살아가기를 축복한다."

축하 노래 ──────────────────────── 가족 중 한 명
악기 연주로 축하의 마음을 전할 수도 있습니다.

생일 축하 케이크 촛불 켜기 ─────────────────── 다같이
생일 축하 케이크에 촛불을 켜고 생일 축하 노래를 부르며 축하해 줍니다.

생일 축하 영상 보기 ────────────────────── 다같이
자녀의 생일 즈음에 휴대폰으로 생일 축하 인사를 촬영합니다. 할아버지, 할머니, 친척들, 또는 학교나 교회 친구들에게 영상으로 축하 인사를 받아서 보여 주세요.

June 6-3

부모님이 매년 자녀의 생일마다 자녀를 향한 축복과 사랑의 메시지를 영상으로 남겨 주세요. 자녀가 성장한 후에 그 영상편지를 모아서 보게 된다면 소중한 선물이 되겠지요?

★ 생명을 구하는 선물하기

내 생일에 선물을 받기만 하는 것이 아니라, 나에게 생명을 주신 하나님께 감사하며 누군가의 생명을 살리는 선물도 해보면 어떨까요? 자녀가 갖고 싶었던 선물을 사 주기 위해 모아 두었던 돈 중에 일부를 다른 친구의 생명을 구하는 일에 써 보세요.

활동 방법

① 자녀에게 이렇게 이야기해 주세요.

"오늘 ○○의 생일이라서 ○○가 갖고 싶었던 선물을 사 주려고 해. 그런데 엄마, 아빠는 이 돈으로 ○○의 선물만 사는 것이 아니라, 다른 친구의 생명을 구하고 살리는 일에 쓰면 좋을 것 같아. ○○의 생각은 어떠니? 다른 친구를 위해 얼마를 쓰면 좋을까?"

② 인터넷 사이트를 함께 찾아보면서 이야기해 보세요.

"여기 있는 것 중에 어떤 선물을 보내면 좋을까?"

③ 자녀가 결정한 금액에 맞는 선물을 골라서 후원하도록 합니다.

기아대책: 선물후원 〈행복한 하루 선물 세트〉
예) 방한용품 10,000원 / 가축지원 30,000원 / 종합비타민 10,000원

유니세프: 생명을 구하는 선물
예) 영양실조 치료식 45,000원 / 구충제 35,000원 / 모기장 15,000원

④ 자녀에게 기분이 어떤지 물어보고 자녀의 행동을 칭찬해 줍니다.
"다른 친구를 위해 선물을 하니 기분이 어때? 평소 선물을 받기만 했을 때와는 또 다른 뿌듯함이 있지? 엄마, 아빠는 생명을 살리는 선물을 한 ○○가 참 자랑스럽구나."

★ 정리하면서

자녀의 생일 날 밤, 잠들기 전에 이렇게 이야기해 주세요. "○○아! ○○가 있어서 엄마, 아빠는 정말 행복해. ○○는 하나님이 엄마, 아빠에게 주신 소중한 선물이야. 사랑해."

쓰리민 가정 이야기

　보통 가족 중에 한 사람이 생일이면 가족끼리 특별한 시간을 갖는 경우가 많습니다. 저희 가정도 그렇습니다. 맛있는 음식을 나누고 생일 케이크를 사서 축하해 줍니다. 그런데 음식을 먹고 케이크의 촛불을 끈 다음은 어떨까요? 생일 축하 노래가 끝나고 아이들은 케이크 먹기에 바쁩니다. 누군가는 주위를 정리하느라 바쁩니다. 그렇게 매년 싱겁게 끝나 버리는 생일이 어떤 의미가 있을까요?

　늘 습관처럼 케이크를 사고 음식을 차리는 무미건조한 시간이 아니라, 생명 주신 하나님께 감사하고 생일을 맞은 사람을 진심으로 축하하며 하나님이 이 땅에 보내신 목적과 소명을 다시 한 번 기억할 수 있도록 가족이 함께 마음을 나누는 시간을 갖고 싶었습니다.

　아빠의 생일입니다. 무뚝뚝한 아들들에게 부모의 생일이라고 이벤트를 기대하기란 참 어려운 일입니다.

그런데 이번에는 특별한 생일 잔치를 위해 하민이에게 사회자가 되어 달라고 이야기했더니 하민이가 흔쾌히 허락합니다. 아빠를 위해 작사, 작곡을 해서 노래를 불러 주겠다는 둘째 지민이는 아침부터 피아노를 뚱땅뚱땅 치기 시작합니다. 반 강제적으로 아빠에게 뽀뽀하라는 큰형아 하민이의 말에 떨떠름한 표정을 지으면서 알겠다고 하는 막내 다민이까지.

이번 아빠의 생일은 특별했습니다. 식순에 의해 하민이가 생일 예배를 선포하고 말씀을 찾아 읽었습니다. 아빠를 위한 엄마의 축복기도가 있은 후 축하 공연으로 지민이의 노래가 이어졌습니다. 부끄러워서 모두에게 고개를 돌리라고 명령을 하고서야 아빠에게 뽀뽀를 하는 다민이를 마지막으로 가족이 함께 아빠를 이 땅에 보내 주신 하나님께 감사하며 아빠의 특별한 생일 잔치는 그렇게 끝이 났습니다.

처음이라 좀 어색하기도 했지만, 아빠의 생일 잔치를 준비하면서 아이들은 아이들대로 부모는 부모대로 소중한 추억으로 남는 시간이 되었습니다.

July 7-1

성경학교를 위해 기도하기

모세가 손을 들면 이스라엘이 이기고 손을 내리면 아말렉이 이기더니 모세의 팔이 피곤하매
그들이 돌을 가져다가 모세의 아래에 놓아 그가 그 위에 앉게 하고
아론과 훌이 한 사람은 이쪽에서, 한 사람은 저쪽에서 모세의 손을 붙들어 올렸더니
그 손이 해가 지도록 내려오지 아니한지라 (출 17:11-12)

뜨거운 태양 아래 열매와 곡식들이 여물어 가듯, 우리 자녀들의 믿음도 부쩍 성장하게 되는 여름성경학교(수련회)가 다가옵니다. 성경학교를 앞두고 자녀의 준비물은 챙기지만 정작 성경학교를 위해 기도하는 부모는 많지 않은 것 같습니다. 모세의 손을 붙들어 올리며 동역했던 아론과 훌처럼 성경학교의 기도의 동역자가 되어주세요.

★ 성경학교가 시작되기 1-2주 전에 기도하기

아이들과 함께 가정예배 시간에 전도사님(목사님), 선생님들을 위해서 그리고 성경학교를 통해 자녀들이 예수님을 만나고 예수님의 사랑을 경험할 수 있도록 기도해 주세요.

"하나님, ○월 ○○일에 시작되는 여름성경학교를 위해서 기도합니다. 성경학교를 준비하시는 전도사님(목사님)과 선생님들께 힘을 주세요. 성경학교에 올 친구들이 예수님을 만나고 예수님의 사랑을 느낄 수 있도록 도와주세요. 예수님의 이름으로 기도합니다. 아멘."

★ 성경학교 하루 전이나 당일에 기도하기

자녀를 교회에 보내기 전에 자녀를 안고 부모님이 축복기도를 해주시고, 안전을 위해서도 기도해 주세요. 그리고 친구와의 관계를 위해서, 회심의 은혜를 위해서 기도해 주세요.

"하나님, ○○가 오늘 성경학교에 갑니다. 성경학교 기간 동안 안전하게 지켜주시고, 친구들과 즐겁고 행복하게 말씀 배우는 시간이 되게 해주세요. 하나님이 ○○를 얼마나 사랑하시는지 깊이 느끼고 돌아올 수 있게 해주세요. 예수님의 이름으로 기도합니다. 아멘."

★ 성경학교에 참여하고 있는 자녀를 위해 기도하기

자녀가 성경학교에 참여하고 있을 때, 남은 가족들은 가정예배 시간이나 잠자기 전에 기도로 함께해 주세요.

"하나님, 지금 ○○가 여름성경학교에 참여하고 있어요. 오늘 배운 말씀을 마음속에 꼭꼭 담고 말씀대로 살아가는 아이가 되게 해주세요. 오늘 밤도 단잠을 자게 하시고 끝나는 시간까지 지켜주세요. 예수님의 이름으로 기도합니다. 아멘."

★ 성경학교를 마친 후 자녀와 함께 나눔의 시간 갖기

구체적으로 어떤 점이 좋았는지 물어보고 자녀들을 위해 기도해 줍니다.

"○○야! 성경학교 중에서 가장 재미있었던 프로그램은 어떤 거였니? 전도사님(목사님)이 들려주신 말씀 중에 기억나는 부분은 뭘까?"

> **TIP**
> 성경학교를 마친 후 수고하신 전도사님(목사님)과 선생님들에게 감사의 문자를 보내면 좋겠지요? 집에 돌아온 아이들과는 맛있는 외식을 하면서 즐거운 시간을 가져 보세요.

★ 정리하면서

"성경학교 기간 동안 배웠던 말씀을 잘 기억하고, 그 말씀대로 살아가는 ○○가 되었으면 좋겠어. 엄마, 아빠도 같이 기도해 줄게."

쓰리민 가정 이야기

　저희 가정은 수요일 가정예배 때, 아이들과 함께 다른 이들을 위해 기도를 합니다. 교회에서 수요예배를 드리기 때문이기도 하고, 아이들이 자신만을 위해 기도하기보다 다른 사람을 위해서도 기도하는 마음을 갖기 원하기 때문입니다.

　7월이 되면 빠지지 않고 아이들과 기도하는 것이 있습니다. 바로 성경학교를 위한 기도인데요. 저희 세 아이가 모두 참석하는 시간이기도 하고 다음 세대의 아이들이 종일 하나님의 말씀을 가까이 할 수 있는 특별한 날이기에 그렇습니다.

수련회의 모든 일정을 위해, 우리 아이들뿐 아니라 수련회에 참석하는 모든 아이를 위해, 준비하는 목사님과 선생님들을 위해, 그리고 무엇보다 성령님의 일하심을 통해 아이들은 인격적으로 예수님을 만나고 선생님들은 은혜를 경험하기를 기도합니다.

이렇게 아이들과 기도하면 아이들은 성경학교에 대한 호기심과 기대감을 갖게 되더군요. 그리고 성경학교를 다녀와서 그곳에서 있었던 이야기를 자연스럽게 나누어 줍니다.

"엄마! 이번 말씀은 화해가 주제였어!" "이번에 오셔서 말씀 전해 주신 목사님도 어렸을 땐 교회도 가기 싫고 말씀 듣는 것도 싫었대. 나도 그런 적 있었는데." "엄마! 이번에 기도할 때 나도 모르게 눈물이 나더라."

물어보지 않아도 이야기를 쏟아내는 아이들의 모습을 보며 함께 기도하며 준비하고 기다렸던 성경학교이기에 가능한 것은 아닌지 생각해 봅니다.

이번 여름성경학교를 위해서도 아이들과 함께 기도합니다. 하나님이 준비하시고 초대하시는 천국잔치가 될 수 있기를요. 그리고 우리 아이들뿐 아니라 다음 세대의 아이늘도 이 시간을 통해 예수님을 만날 수 있기를요.

July

가족회의로 생각 나누기

내 사랑하는 형제들아 너희가 알지니 사람마다 듣기는 속히 하고
말하기는 더디 하며 성내기도 더디 하라 (약 1:19)

우리 가족의 대화하는 모습은 어떤가요? 하루에 서로 대화하는 시간은 얼마나 될까요? 요즘 우리는 가족들의 이야기에 귀 기울일 시간도, 마음의 여유도 없이 살아갈 때가 많은 것 같습니다. 가족회의를 통해 건강한 의사소통을 훈련해 보고, 자녀들의 감정을 잘 읽어 주는 대화법에 대해서도 알아봅시다.

★ 우리 집 가족회의
가족회의를 통해 서로의 이야기에 귀 기울여 들어주는 훈련을 할 수 있습니다.

1. 언제 가족회의를 해야 할까요?
가족들이 부담 없이 함께 모일 수 있는 시간을 정합니다. 토요일 저녁이나 주일 저녁, 때로는 휴일 저녁도 좋겠지요? 함께 모일 시간이 아침밖에 없다면 한 달에 한 번 날을 정해도 되고, 아침식사를 함께하며 진행할 수도 있습니다.

2. 어떻게 가족회의를 해야 할까요?
① 가족회의를 처음 시작할 때는 아빠나 엄마가 진행을 맡는 게 좋아요. 가족회의를 어떻게 진행하는지 자녀들이 자연스럽게 배울 수 있도록 하고, 익숙해지면 자녀들이 회의를 진행하도록 하는 것도 좋습니다.
② 가족회의 장소를 다양하게 해보는 것도 좋습니다. 야외 공원에서 하거나 외식을 하면서, 아니면 분위기 좋은 카페에서 해볼 수도 있겠지요?
③ 가족회의의 내용을 정리하고 기록하는 역할도 자녀에게 맡겨 보세요. 정리한 내용은 회의 마지막에 발표하는 시간을 가지세요.

★ 소통을 위한 대화법

상대방의 감정을 잘 읽어 주는 대화법에는 어떤 것이 있을까요? 아래에 있는 내용들을 잘 숙지하고, 가족들과 소통하는 연습을 해보세요.

1. **~구나 대화법**
   ~그랬었구나, ~서운했겠구나, ~힘들었겠구나, ~화가 났겠구나

2. **거울식 대화법 (상대의 말을 그대로 따라서 해주기)**
   아이: 연필 색깔이 마음에 들지 않아서 안 살래요.
   부모: 색깔이 마음에 안 드는구나.

3. **다가가는 대화법**
   아이: 아빠! 저 자동차 갖고 싶어!
   아빠: 응, 저 자동차를 갖고 싶구나. 저 자동차의 어떤 점이 좋아?
   ('왜'가 아닌 '무엇이', '어떻게'로 질문하기)
   아이: 저 자동차는 불이 반짝거리거든.
   아빠: 아, 그렇구나. (충고하기 전에 공감하기)

4. **'나' 전달법 (내가 어떻게 느끼는지 말하는 전달법)**
   상대방의 행동을 보고, 나의 감정을 표현하고, 이유와 영향을 말해 주기

5. **요청하기**
   상황을 중립적으로 묘사하고, 자신의 감정을 표현하고, 원하는 바를 구체적으로 요청하기
   나는 당신이 10시까지 안 오면 (상대 행동) 걱정되고 불안해. (나의 감정)
   9시가 넘으면 전화해 주면 좋겠어. (요청)

★ 정리하면서

"얘들아! 우리 서로의 이야기에 귀 기울여 주고, 진심으로 이해해 주는 가족이 되도록 하자. 하나님도 기뻐하실 거야."

쓰리민 가정 이야기

저희 가족은 자주 모여 한 가지의 주제를 가지고 이야기를 나눕니다. 평범하고도 일상적인 대화를 벗어나 아이들의 생각과 의견을 들을 수 있는 좋은 기회이기 때문입니다.

아이들의 말 중에는 기독교적인 가치관에서 벗어난 이야기들도 종종 있는데, 그때 부모가 아이들의 생각을 충분히 듣고 올바른 방향을 제시해 주면 아이들은 부모의 생각을 공감하고 거부감 없이 받아들일 수 있습니다. 더 나아가 이러한 가족회의를 통해서 가족과 함께 생활 속에서 실천할 수 있는 섬김과 나눔을 공유할 수 있어서 매우 유익합니다.

처음 가족회의를 할 때에는 실수도 많았습니다. 무조건적으로 제 생각을 이야기하고 관철시키려다 보니 아이들의 의견을 충분히 듣지 못하는 경우도 있고, 제 마음에 들지 않는 아이들의 태도와 의견에 마음이 상할 때도 있었지요. 그럴 때마다 남편이 중간 역할을 잘 감당해 주어서 큰 어려움 없이 지나가기는 했지만 말입니다.

아이들과 이야기하는 주제는 다양합니다. 근사한 주제가 아니라도 상관이 없습니다. '이런 것도 가족회의를?'이라고 생각되는 주제도 괜찮습니다. 오히려 아이들은 이러한 주제에 더 흥미로워하는 경우가 많습니다.

한번은 태권도 학원에 다니는 아들들이 '태권도, 꼭 다녀야 하는가!'에 대한 열띤 토론도 했습니다. 사교육을 전혀 하지 않는 저희 가정에서 세 아이 모두 유일하게 보내는 학원이 태권도인데, 이것마저도 안 하겠다는 첫째 아들의 뾰로통한 의견으로 시작된 가족회의였지요.

이것뿐만이 아닙니다. 삶에서 이웃을 섬길 수 있는 방법에 대해 고민하던 저희 부부가 아이들과 함께 '어려운 이웃을 위한 도시락 배달'을 꾸준히 하게 된 것도 가족회의를 통해서였습니다. 이처럼 가족회의 주제는 다양할 수 있습니다.

이날도 아이들과 저녁에 모여서 하나의 주제를 가지고 이야기하기 시작했습니다. 요즘 아이들이 가장 하고 싶어 하면서, 저는 절제했으면 하는 그것! 바로 게임이었는데요. 큰아이나 둘째아이는 시간을 정해 주면 그 시간 안에 하고 특별히 더 요구를 하지 않는 반면에 막내 녀석은 "한 번만 더!"를 외치는 게임 마니아입니다. 물론 큰아이들도 더 하고 싶은 마음은 굴뚝같지만 엄마의 눈에서 뿜어져 나오는 레이저 때문에 더 할 엄두를 내지 못하는 것이겠지요.

사실 저도 게임을 무조건 하지 말자고 이야기하지는 않습니다. 남편이나 저 역시 가볍게 아이들과 게임도 하고 심지어 재미있어합니다. 하지만 게임을 절제하지 못하고 다른 일상생활에 방해가 된다면 차라리 안 하는 것이 좋다고 생각하기 때문에 아이들에게 게임의 좋지 않은 영향에 대해 여러 번 이야기했지요. 하지만 아이들은 쉽게 받아들이지 못하는 것 같았습니다. 그렇다고 무조건 못 하게 하는 것도 옳지 않은 것 같아, 이번 가족회의에서는 아이들과 이 주제를 가지고 한번 이야기해 보자고 했습니다.

아빠의 진행으로 시작된 회의. '게임이 유익하다'에 손을 든 3인. '게임이 유해하다'에 손을 든 외로운 엄마 1인. 돌아가면서 자신의 의견을 이야기해 봅니다.

"게임은 재미를 주기 때문에 좋아요."

"게임은 같이 보고 즐길 수 있기 때문에 좋아요."

"서로 협력해서 하는 게임은 협동심을 기를 수 있어서 좋아요."

오! 제법 그럴싸하게 자기의 생각을 내어놓습니다. 이에 질세라 저도 이야기합니다.

"게임을 하면 너무 마음을 빼앗겨 버리기 때문에 자기가 해야 할 일을 하지 않고 계속하게 되는 경우가 많습니다. 또 우리는 한마음을 품고 하나님의 말씀에 더 귀 기울여야 하는데, 게임을 하면 거기에 너무 심취하게 돼서 하나님보다 게임을 더 생각하게 되는 경우가 많아서 안 했으면 좋겠습니다."

"그렇지 않습니다. 게임은 그냥 노는 거예요. 절대 거기에 빠지지 않습니다!"

"엄마가 그만하라고 하면 그만하는데 왜 그렇게 생각하지요?"

이제 제법 큰 녀석들이 눈에 불을 켜고 저의 의견에 반박합니다. 그날 이렇게 주고받은 생각들을 통해 게임의 유익과 그렇지 않음에 대해 알게 되었습니다.

결론적으로는 부모의 통제 아래 게임을 하는 것이 바람직한 것으로 결론이 났지만, 아이들은 제2라운드를 기다리고 있습니다. 다시 한 번 이 주제를 가지고 이야기하면 분명 지금보다 더 나은 자유를 누릴 수 있을 거라는 기대감으로요.

July

아나바다 실천하기
아껴 쓰고 나눠 쓰고 바꿔 쓰고 다시 쓰기

하나님이 그들에게 복을 주시며 하나님이 그들에게 이르시되
생육하고 번성하여 땅에 충만하라, 땅을 정복하라, 바다의 물고기와 하늘의 새와
땅에 움직이는 모든 생물을 다스리라 하시니라 (창 1:28)

집안에 자리만 차지하고 있는 물건들, 버리기는 아깝고 나에게는 필요 없는 물건들을 어떻게 처리하시나요? 중고물품 사용은 우리의 미래를 되살리는 일입니다. 우리가 사는 물건에는 원재료 추출, 생산, 유통, 소비, 폐기에 이르기까지 어마어마한 비용이 들어가고 심각한 환경오염이 뒤따르게 됩니다. 쉽게 사서 쓰고 버리는 일들을 줄여서 건강하고 지속가능한 사회를 만들어 봅시다.

★ 자녀와 함께 나누기

사라지는 나무를 구하라

1. 엔크가 꾼 꿈은 무엇인가요? 왜 홍수가 일어날까요?
2. 사라지는 나무들을 구하려면 어떻게 에너지 절약을 해야 하나요? 일회용 종이컵, 나무젓가락, 종이 접시, 종이 가방은 어떤 짝꿍을 써야 할까요?
3. 우리가 할 수 있는 작은 실천은 무엇일까요?

★ 중고물품 애용하기

안 쓰면 고물, 쓰면 보물! 중고물품에 새 생명을 불어넣을 수 있어요. 나만의 정리의 날을 만들어서 오랫동안 쓰지 않는 물건들을 모아 이웃과 나누거나 재사용 자선가게에 기부하면 어떨까요?

"티셔츠 한 장 만드는 데도 많은 사람들의 노력과 자원이 들어간단다. 장난감을 만드는 데도 마찬가지야. 또 싫증 난 장난감을 버리게 되면 환경까지 오염된다고 하니 안 입는 옷이나 안 쓰는 장난감들은 필요한 사람들을 위해 나눠 주고, 우리도 다른 장난감을 빌려 써 보자."

- 서울재활용 나눔장터 fleamarket.seoul.go.kr
- 재사용 자선가게

  아름다운가게 www.beautifulstore.org (1577-1113)

  구세군 희망나누미 가게 www.nanumistore.org (1588-1327)

  기아대책기구 행복한 나눔 www.bemyfriend.or.kr (02-2085-8239)

  굿윌스토어 www.goodwillsongpa.org (02-6913-9191)

  에코리사이클 시티 www.rety.co.kr (1588-8425)

★ '뚝딱 장난감 수리 연구소' 통해서 장난감 고쳐 쓰기

고칠 바에야 돈을 조금 더 써서 새로 사겠다는 생각은 바람직하지 않습니다. 고장 난 장난감은 '뚝딱 장난감 수리 연구소'를 통해 다시 고쳐 사용해 보세요.

- 뚝딱 장난감 수리 연구소(cafe.naver.com/toymend)는 은퇴하신 어르신들로 구성된 봉사단체로, 어르신들의 일자리 창출과 사회봉사를 동반하는 사회적 기업을 목표로 하는 연구소입니다. 택배비만 부담하면 'AS 기간이 만료된 것', '해외 사이트 직구로 구입하여 AS가 불가한 것', 'AS가 불성실하여 고치지 못하는 고장 난 것' 위주로 무료로 고쳐 줍니다.

★ 정리하면서

"우리의 작은 습관 하나가 하나님이 만드신 세상을 아름답게 지킬 수 있는 큰 움직임이 되는 거란다. 조금 불편하고 귀찮더라도 아름다운 자연을 지키는 일에 우리 가정이 앞장서는 거야! 우리는 '지구 지킴이'다!"

쓰리민 가정 이야기

요즘 유치원이나 학교에서는 다른 아이들과 함께 볼 수 있는 책들을 하나씩 가져오라고 합니다. 평소에 집에서 안 쓰는 물건을 다른 이들과 나누고 자원을 절약하자는 의미에서 실천해 보는 과제입니다. 저희 둘째도 1학년이 되니 담임 선생님께서 안 보는 책을 한 권씩 가져오라고 하셨습니다.

참 좋은 활동 같습니다. 평소에 안 쓰는 물건을 다른 사람들과 나눌 수 있는 기회가 좀처럼 많지 않은데, 학교에서 이러한 과제를 내주니 얼마나 좋던지요. 둘째 지민이에게 어떤 책을 가져갈 것인지 물어보았더니 한참을 고민합니다. 그리고 고민 끝에 책 한 권을 집어 듭니다. 그런데 지민이가 고른 책은 평소에도 지민이가 몇 번이나 재미있게 보는 책이었습니다.

"지민아, 진짜 이 책 가져갈 거야?"라고 물었더니 "응"이라고 대답합니다. 가져간 다음에 후회하지 말고 다른 책 고르는 건 어떻겠냐는 저의 물음에 "아니야. 이 책은 많이 봤으니까 괜찮아. 애들이 좋아할 걸?"이라고 이야기합니다.

저 같으면 제가 재미있어 하고 소중하게 여긴 것은 손에 꽉 쥐고

놓지 않을 것 같은데, 아이들은 그렇지 않음을 보게 됩니다. 오히려 다른 이들의 마음에 흡족한 것을 기꺼이 나누어 줄 수 있는 넉넉한 마음이 있는 것 같습니다.

그날은 제가 아이에게서 오히려 배우는 날이 되었습니다.

August 8-1

8·15 광복절에 역사 기억하기

우주와 그 가운데 있는 만물을 지으신 하나님께서는 천지의 주재시니 손으로 지은 전에 계시지 아니하시고 또 무엇이 부족한 것처럼 사람의 손으로 섬김을 받으시는 것이 아니니 이는 만민에게 생명과 호흡과 만물을 친히 주시는 이심이라 (행 17:24-25)

> 하나님은 만물을 지으시고, 지금도 온 우주를 통치하시는 분입니다. 그리고 그 하나님은 우리의 역사도 주관하고 계십니다. 우리 민족에게 있어 광복절은 일본에게서 해방되어, 문자 그대로 빛(光)을 되찾고(復), 국권을 회복한 날로 우리가 기억하고 지켜야 하는 국경일입니다. 아이들에게 광복절의 의미를 알려 주고 의미 있는 날로 보낼 수 있도록 이끌어 주세요.

★ 안중근, 윤봉길 의사(義士) 이야기 나누기

(의사[義士]란 의협심이 있고 뜻을 지키는 사람을 뜻합니다)

1. 자녀에게 설명해 주세요

일본이 우리나라를 식민지화 하던 시절, 안중근 의사는 나라를 구하기 위해 의병활동을 합니다. 그러다 1909년 10월 26일 우리나라를 침략한 이토 히로부미를 죽이기로 결심합니다. 그는 일본인으로 가장하여 하얼빈 역에 잠입하여 이토 히로부미를 사살했고, 현장에서 체포되어 뤼순 감옥에 수감됩니다. 안중근 의사는 홀어머니를 걱정했는데, 이때 어머니 조마리아 여사에게서 편지가 옵니다.

옳은 일을 하고 받은 형이니 비겁하게 삶을 구걸하지 말고, 떳떳하게 죽는 것이 이 어미에 대한 효도다. 살려고 몸부림하는 인상을 남기지 말고 의연히 목숨을 버리거라. 내가 만약 늙은 이 어미보다 먼저 죽는것을 불효라고 생각한다면, 이 어미는 웃음거리가 될 것이다. 너의 죽음은 너 한 사람의 것이 아니라 조선인 전체의 공분을 짊어지고 있는 것이다. 내가 항소를 한다면 그것은 일제에 목숨을 구걸하는 것이다. 네가 나라를 위해 이에 이른즉 딴 맘 먹지 말고 죽으라. 아마도 이 편지는 이 어머니가 너에게 쓰는 마지막 편지가 될 것이다. 여기에 너의 수의를 지어 보내니 이 옷을 입고 가거라. 어머니는 현세에서 너와 재회하기를 기망치 아니하노니, 내세에는 반드시 선량한 천부(하나님 아버지)의 아들이 되어 다시 세상에 나오너라.

어머니의 편지를 받은 안중근 의사는 당당히 사형장으로 갔습니다. 집행 순간에도 책 읽을 시간 5분만 달라고 하며 의연하게 집행을 받았습니다. 안중근 의사로 인해 많은 독립투사들이 나오게 되었는데요. 윤봉길 의사는 일제 강점기였던 1932년에 홍커우 공원에 폭탄을 던져서 많은 일본 장교들을 죽였습니다. 폭탄을 던진 윤봉길 의사는 형체를 알아볼 수 없게 폭행을 당하고 강제로 끌려가서 형을 집행당했는데, 처형되기 전 어린 아들 모순이와 담이에게 편지를 씁니다.

너희도 만일 피가 있고 뼈가 있다면 반드시 조선을 위해 용감한 투사가 되어라. 태극의 깃발을 높이 드날리고 나의 빈 무덤 앞에 찾아와 한 잔 술을 부어놓아라. 그리고 너희들은 아버지 없음을 슬퍼하지 마라. 사랑하는 어머니가 있잖니.

또 고향의 동포들에게도 편지를 씁니다.

고향에 계신 부모 형제 동포여! 더 살고 싶은 것이 인정입니다. 그러나 죽음을 택해야 할 오직 한 번의 가장 좋은 기회를 포착했습니다. 나 혼자만 잘 살다 죽을 수도 있었습니다. 하지만 나는 나와 내 가족의 미래보다 조국을 선택했습니다. 백 년을 살기보다 조국의 영광을 지키는 기회를 택했습니다. 안녕히, 안녕히들 계십시오.

2. 자녀와 함께 나눠 보세요
① 안중근 의사의 어머니는 편지를 쓰면서 어떤 마음이었을까?
② 윤봉길 의사가 동포들을 생각하며 남긴 편지를 보면 어떤 마음이 드니?
③ 만약 네가 그 당시에 살았다면 안중근, 윤봉길 의사처럼 나라를 위해 목숨을 바칠 수 있었을까? 그렇게 대답한 이유는 뭐니?

August 8-1

★ 독립기념관 방문하기

독립기념관은 조국의 광복을 위하여 기꺼이 목숨을 바쳤던 수많은 분들의 희생을 기억하고 기념하는 곳이에요. 홈페이지를 방문하면 시간대별로 방문 목적에 맞게 연령 및 성향에 따른 관람 방법을 선택할 수 있어요. 또 해설 프로그램을 예약하면 전시관별로 친절한 해설을 들을 수 있습니다.

★ 정리하면서

"우리가 지금 이렇게 자유롭고, 행복하게 살 수 있는 것은 우리나라의 미래를 위해 자기의 목숨조차 아깝지 않게 생각하고 싸우셨던 많은 독립투사들의 희생 때문이란다. 역사를 잃은 민족은 미래가 없다는 신채호 선생님의 말처럼 우리의 역사를 기억하고 나라와 민족을 위해 기도하는 우리 가정이 되자."

> 쓰리민 가정 이야기

집에서는 좀 먼 거리지만, 저 역시 중학교 때 가 보고 가지 않았던 천안에 있는 독립기념관을 다녀왔습니다. 옛 기억에는 그리 크게 느껴지지 않았는데, 이번에 가서 본 독립기념관은 무척이나 넓고 크게 자리 잡고 있었습니다.

아침에 독립기념관에 가자고 아이들에게 이야기했더니 반응이 시큰둥합니다. 2시간 남짓 가야 하는 거리가 부담스럽기도 하고 도대체 왜 가야 하는지 모르겠다는 반응입니다. 투덜대는 녀석들을 차에 태우기는 했는데, 그곳에서 우리나라의 아픔과 슬픔, 그리고 해방의 역사를 아이들이 보고, 느끼고, 생각할 수 있는 시간이 되었으면 했던 저로서는 마음이 속상하기도 했지요.

차 안에서 기회가 되면 다시 한 번 아이들을 설득하기로 마음을 먹고 있었는데, 틀어 놓고 있던 극동방송에서 에베소서 2장 14절 말씀이

흘러나왔습니다. "그는 우리의 화평이신지라 둘로 하나를 만드사 원수 된 것 곧 중간에 막힌 담을 자기 육체로 허시고". 평소에 이 말씀을 암송하고 있던 아이들이 말씀이 나오자마자 자기들도 이 말씀을 안다며 씩씩하게 소리 높여 암송합니다. 그런데 신기하지요? 이 말씀을 듣는데 무릎이 딱 쳐질 만한 지혜가 생각나는 겁니다.

"얘들아, 너희 이 말씀 잘 알지? 예수님이 우리를 위해 죽으심으로 원수 되었던 하나님과 우리와의 관계가 연결되고 화평케 되었잖아. 마찬가지로 다른 나라의 탄압 가운데 살고 있었던 우리나라를 위해 목숨을 내어놓고 기도하며 애쓰셨던 많은 선조들 덕분에 지금의 우리나라가 될 수 있었어. 그분들이 중간에서 화평케 하기 위해 애썼기에 지금의 자유가 주어진 거야. 오늘 우리가 가는 독립기념관은 그분들이 어떻게 헌신하셨는지, 그리고 그로 인해 지금의 우리나라는 어떻게 발전했는지 볼 수 있는 곳이야."

이렇게 이야기해 주었더니 아이들은 처음과는 조금 다른 반응을 보입니다.

2시간 정도 걸려 도착한 독립기념관에서 아이들은 구석구석 다니며 전시해 놓은 글들을 읽어 내려갔습니다. 여러 종류의 태극기를 보며 신기해하기도 했고요.

모든 관람을 마치고 집으로 가면서 "오늘 오길 잘했지?"라고 물어보니, 아이들은 "응"이라는 말로 화답해 줍니다. 다음에 다시 한 번 오자는 말과 함께요.

August 8-2

결혼기념일에 사랑 흘려보내기

그의 계명은 이것이니 곧 그 아들 예수 그리스도의 이름을 믿고
그가 우리에게 주신 계명대로 서로 사랑할 것이니라 (요일 3:23)

> 두 사람의 사랑으로 세워진 가정, 그러나 우리들만의 사랑으로 끝나면 안 되겠지요? 우리의 가정에서부터 하나님의 사랑이 흐르고, 하나님의 나라가 세워져야 합니다. 그 첫걸음을 결혼을 제대로 기념하는 것으로 시작하면 어떨까요? 매일 만 원씩 모아 365만 원을 기부하는 결혼기념일 기부이벤트는 유명 연예인 부부만 할 수 있는 것이 아닙니다. 고급 레스토랑, 좋은 휴양지에서 보내는 것보다 더 행복하고 따뜻하게 결혼기념일을 보낼 수 있는 방법을 알려 드립니다.

★ ~한 셈 치고 기부하기

외식 한 번 한 셈 치고, 선물하는 셈 치고, 그 돈으로 기부해 보세요. 기부는 1,000원부터 가능합니다.

1. 인터넷 싸이트 기부

사이트에 나온 다양한 사연들을 읽어 보고 그중에 하나를 선택해서 아이들과 함께 나눕니다.

"이번 결혼기념일은 우리 가족이 헌터증후군을 앓고 있는 ○○의 수술비를 지원해 주기로 하자."

다음 같이가치 together.kakao.com   네이버 해피빈 happybean.naver.com

2. NGO단체 선정 기부

각 단체의 기부프로젝트를 보면 정기후원이 아닌 일시후원을 할 수 있습니다.

"우리 가정을 통해 할머니와 단 둘이 힘들게 살고 있는 ○○가 힘을 낼 수 있으면 좋겠다."

굿네이버스 www.goodneighbors.kr   기아대책 www.kfhi.or.kr
유니세프 www.unicef.or.kr   월드비전 www.worldvision.or.kr
초록우산 www.childfund.or.kr   세이브더칠드런 www.sc.or.kr

★ 사랑하는 만큼 봉사하기

부부가 뜨겁게 사랑하는 만큼, 아이들이 부모님을 뜨겁게 사랑하는 만큼, 하나님이 우리 가정을 뜨겁게 사랑해 주시는 만큼 다른 이웃을 섬겨요.

1. 교회에서 하는 봉사활동 참여하기

교회에서 독거노인이나 불우이웃을 돕고 있는 것은 알고 있었지만, 그냥 지나쳐 버리지는 않았나요? 이번 기회를 통해 아이들과 함께 교회의 봉사활동에 참여해 보세요. 독거노인 도시락 배달, 빨래방 같은 프로그램에 우리 가족도 동참하고 혹시 이러한 프로그램이 없다면 교회 안에 있는 어려운 이웃을 알아내 사랑의 손길을 내밀어 보세요.

2. 인터넷 단체와 함께하기

서울시 사회복지협회 1004 지역사회봉사단 '즐거운 사랑나눔자원봉사'(cafe.naver.com/love2for)를 통해 독거노인이나 결연아동의 집을 방문할 수 있어요. 자세한 내용은 사이트를 참고하세요.

★ 정리하면서

"우리 가정을 세우신 하나님이 우리에게 원하시는 것은 무엇일까? 바로 우리 가정을 통해 하나님의 사랑을 흘려보내는 것이 아닐까? 이번 기회를 통해 알게 된 어려운 이웃들에게 지속적으로 사랑을 실천하는 가정이 되도록 하자."

쓰리민 가정 이야기

저희 부부는 서로에 대한 기념일을 잘 챙기지는 않지만 몇 해 전 결혼 10주년 때는 아이들을 맡겨 놓고 남편과 오붓하게 저녁식사를 했습니다. 며칠 전부터 근사한 레스토랑을 물색하던 남편이었지만, 저의 제안으로 소박한 김밥 집으로 결정했지요. 김밥에 만두를 시키고 담소를 나누는 이러한 일상이 그저 행복하게 느껴졌습니다.

특별한 날이라고 해서 무언가를 기대하기보다, 함께 웃고 함께 이야기하는 평범한 일상을 소중하게 느끼는 것이야말로 진정한 행복이 아닐까요?

남편과 10년의 시간을 보내면서 울고 웃었던 날을 회상해 보았습니다. 그리고 우리를 하나 되게 하시고, 다시 주님을 선명하게 만나게 하시고, 우리를 변화시켜 주신 하나님께 감사했습니다.

  남편이 이날 레스토랑에 가려고 아끼고 아낀 돈은 먹은 셈 치고, 조금 더 보태어서 다른 가정의 필요를 채워 주었습니다. 만 원으로 행복을 경험한 우리 부부. 다른 가정에게도 하나님의 축복의 통로가 되니 더더욱 특별한 결혼 10주년이 되었습니다.

August 8-3

친구 초대하기

새 계명을 너희에게 주노니 서로 사랑하라
내가 너희를 사랑한 것 같이 너희도 서로 사랑하라 (요 13:34)

> 요즘 자녀들은 학교 마치면 학원에 가기 바빠서인지 친구끼리 서로의 집을 오가는 친밀함이 많이 사라진 것 같습니다. 자녀와 친하게 지내는 친구를 초대해서 따뜻하게 맞아주고, 우리 가정의 모습을 통해 하나님을 알아갈 수 있도록 하면 어떨까요? 먼저 친구를 기쁨으로 초대하는 일부터 시작해 보세요. 집으로 초대하는 것이 부담스럽다면 밖에서 함께 식사해도 좋습니다.

★ 초대장 만들기 & 선물 준비하기

반에서 친한 친구는 누구인지, 또는 친해지고 싶은데 기회가 없었던 친구는 누구인지 자녀와 이야기를 나누고 친구에게 줄 초대장을 만들어 보세요.
준비물: 도화지, 가위, 색연필 또는 사인펜, 모양 스티커, 펜

활동 방법
① 도화지를 카드 모양으로 자릅니다. 네모 모양의 카드가 아니라, 과일이나 동물 모양으로 만들어도 좋겠지요?
② 카드에 초대 문구와 날짜를 적습니다. 초대 문구는 자녀들이 직접 생각해서 적어보도록 합니다.
③ 색연필이나 사인펜, 모양 스티커 등을 이용해서 초대장을 꾸밉니다.
④ 완성한 초대장을 친구에게 전해 줍니다. 친구의 부모님 허락이 필요한 경우가 있으니 부모의 연락처를 적어서 초대에 대한 답변이나 유의사항들을 서로 주고받을 수 있도록 합니다.
⑤ 친구에게 줄 선물도 자녀와 함께 준비해 보세요. 친구가 어떤 선물을 좋아할지 자녀와 이야기하며 정성껏 준비합니다.

★ 친구와 함께 핫케이크 만들기

우리 집에 초대한 친구와 함께 핫케이크를 만들어 보세요. 함께 음식을 만들며 친구와 더 가까워지고 재미도 느낄 수 있습니다. 불을 쓰는 요리를 하기 어려운 어린 자녀들은 주먹밥 재료를 부모님이 미리 준비해 두었다가 주먹밥 만들기를 하도록 합니다.

준비물: 핫케이크 가루, 우유, 달걀, 생크림(또는 꿀이나 시럽), 딸기나 바나나

활동 방법
① 핫케이크 가루에 우유와 달걀을 넣어 반죽합니다.
② 프라이팬에 기름을 두르고 핫케이크 반죽을 넣고 굽습니다.
③ 다 익은 핫케이크를 접시에 담고 생크림이나 꿀을 바르고 딸기나 바나나 등 과일을 잘라 올립니다.
④ 집에 초대한 친구를 위해 부모님이 기도해 주고, 핫케이크를 함께 먹습니다.

"하나님, 오늘 사랑하는 친구 ○○와 즐거운 시간 보낼 수 있게 해주셔서 감사해요. 앞으로 ○○와 ○○(자녀 이름)가 사이좋게 지내면서 서로에게 좋은 친구가 될 수 있도록 도와주세요. 함께 만든 음식을 나누어 먹어요. 우리에게 맛있는 음식을 주신 하나님 감사해요. 예수님의 이름으로 기도합니다. 아멘."

★ 정리하면서

"○○야, 하나님은 네가 친구와 사이좋게 지내기를, 그리고 좋은 친구가 되어 주기를 원하셔. 우리 집에 초대했던 친구들뿐 아니라, 다른 친구들과도 사이좋게 지내면서 하나님의 사랑을 전할 수 있는 ○○가 되기를 바랄게."

쓰리민 가정 이야기

남편이 사역지를 옮기면서 6년 이상 정들었던 곳을 떠나게 되었습니다. 새로운 곳에 대한 기대와 감사도 있지만, 또 한편으로는 가슴 먹먹한 아쉬움과 슬픔도 느껴졌지요. 저희뿐이겠습니까? 아이들도 섭섭한 건 마찬가지였습니다.

홈스쿨을 시작한 지 1년 만에 아이들은 또 다른 환경에 적응해야만 했습니다. 그곳에서 홈스쿨을 시작할 때만 해도 이미 관계가 형성된 친한 친구들이 있어서 또래 친구에 대한 그리움이 없었습니다. 자주 친구를 집에 초대하고, 함께 즐거운 시간을 가졌기 때문이지요.

그런데 새로운 곳으로 오게 되니, 기존에 만났던 친구들은 만날 수가 없고, 그렇다고 학교에 가는 것도 아니라 새로운 친구를 사귀기도 어려웠습니다. 그러던 중 교회에서 사귀는 친구들이 조금씩 생기게 되고, 아이들 입에서 새 친구들의 이야기가 나오기 시작하더군요.

그래서 아이들에게 친구들과 함께하는 시간을 좀 더 마련해 주기로 했습니다. 평일에는 다른 아이들이 바쁘기도 하고, 모두 교회 친구들이기도 해서 주일에 집으로 초대한 것이지요.

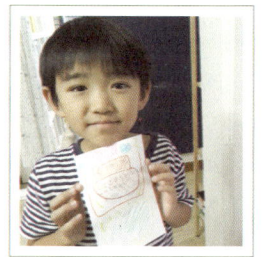

둘째 아이가 정성스럽게 초대장을 만들었습니다. 우리 집에 들어오는 입장권이라면서요. 다행히도 초대장을 받은 친구가 기쁘게 응답해 주었습니다.

오후 내내 즐거운 시간을 보냈습니다. 함께 깔깔거리며 웃는 녀석들의 모습을 보니 제가 다 흐뭇해지더군요.

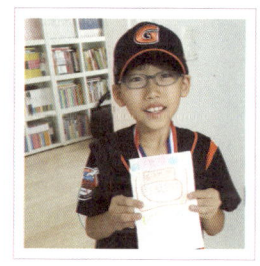

긴 시간인 것 같았는데 너무 빠르게 지나갔습니다. 또 오겠다는 아이들에게 꼭 오라고 화답해 주고 진심으로 또 같이 할 날을 기대했습니다.

September

기독교 유적지 방문하기

내가 진실로 진실로 너희에게 이르노니 한 알의 밀이 땅에 떨어져 죽지 아니하면
한 알 그대로 있고 죽으면 많은 열매를 맺느니라 (요 12:24)

"순교는 교회의 씨앗이다"라는 고대 교부 터툴리안의 말처럼 우리나라 기독교의 역사 또한 순교의 터 위에 세워졌습니다. 우리나라 기독교의 역사와 뿌리를 알고, 믿음의 선조들을 떠올려 본다면 우리의 신앙 또한 그들처럼 자랄 수 있을 것입니다. 이제 주말이나 휴일에 놀이공원이나 쇼핑몰에 가는 대신, 기독교 유적지에 함께 가 보는 건 어떨까요?

수도권	양화진 외국인 선교사묘원	서울시 마포구 합정동	1890년 처음으로 마련된 서울 외국인 묘지로 선교사님들의 묘원을 둘러보며 그들의 삶의 애환을 느낄 수 있다.
	성공회 강화성당	인천시 강화군 강화읍	초기 한국 성공회의 뿌리를 볼 수 있을 뿐 아니라, 한옥으로 된 기독교 교회 건물 중에서 최고의 역사를 볼 수 있다. 이 성당은 지방유형문화재 31호로 지정돼 있다.
	순교자기념관	경기도 용인시	한 알의 밀알처럼 숨져 간 2백여 선교사들의 초상화와 유물 등이 보존되어 있어서 한국 순교의 역사를 한눈에 볼 수 있다.
충청도	류관순 생가, 매봉교회	충남 천안시 병천면 용두리	18세에 대한독립만세를 외쳤던 류관순 열사의 생가와 류관순 열사를 기념하기 위해 재건축한 교회를 볼 수 있다.
전라도	금산교회	전북 김제시 금산면 금산리	남녀칠세부동석의 유교적 전통이 남아 있던 한국 기독교 초기 교회의 모습(ㄱ자형 교회)을 볼 수 있다.
	애양원, 손양원 목사 순교 유적지	전남 여천군 율촌면 신풍1	사랑의 원자탄으로 잘 알려진 '산돌 손양원 목사님'이 시무하시던 애양원 교회와 순교비, 목사님의 신앙과 삶의 자료들을 관람할 수 있다.

'한국기독교100주년기념재단' 홈페이지 참고

★ 유적지에 가기 전 - "아는 만큼 보여요"

아무리 유서가 깊은 유적지라 하더라도, 전혀 모르고 간다면 아무런 감동도 느낄 수 없습니다. 인터넷으로 방문 시간과 프로그램 예약도 살펴보고 어떤 역사를 가지고 있는지 알아보세요. 양화진 외국인 선교사 묘원에 간다면 이렇게 준비할 수 있어요.

"양화진은 조선 시대에 교통과 국방의 요충지였어요. 양화진은 우리나라에 선교사로 오셨던 헤론 선교사님이 34세에 전염병으로 돌아가셔서 처음 묻힌 후, 145명의 선교사님이 묻혀서 지금의 양화진 선교사 묘지가 형성되었어요."

★ 유적지에서 - "쓰는 만큼 기억해요"

유적지를 관람하면서 인상 깊은 장면은 사진으로 남기고, 마음에 남는 설명들은 노트에 써 보도록 하세요.

"지금 우리가 자유롭게 예배할 수 있게 되기까지 희생하신 분들의 묘지에 가는데 떠들거나 뛰어다니면 안 되겠지? 조용하고 경건하게 감사한 마음으로 관람하자. 또 인상 깊은 부분들은 사진으로 찍고 글로도 써 보자."

★ 유적지에 다녀 온 후 - "나눈 만큼 감사해요"

유적지에 다녀온 후 가족들이 둘러앉아 서로의 감상을 이야기해요. 적어 놓았던 노트를 가지고 이야기한다면 나눌 거리가 더 많아지겠지요? 글을 못 쓰는 자녀들은 그림으로 표현하도록 도와주세요.

"우리가 다녀온 유적지에서 무엇을 느꼈는지, 어느 부분에 감사해야 할지 생각해 보고 가족들과 함께 나누어 보자."

★ 정리하면서

"지금 우리가 이렇게 예수님의 사랑을 듣고, 믿을 수 있는 것은 공짜로 주어진 것이 아니야. 복음을 위해 자기 목숨도 아까워하지 않고 살아가신 분들이 있었기 때문이지. 우리 함께 감사하며 그 사랑에 보답하는 삶을 살자."

쓰리민 가정 이야기

　아빠가 쉬는 월요일. 한국에 오셔서 복음을 전하다 돌아가신 선교사님들이 계시는 양화진 외국인선교사묘원에 가기로 했습니다. 차를 타고 가는 중에 아이들에게 양화진 외국인선교사묘원이 어떤 곳인지 알려 주고, 정숙하고 감사한 마음으로 돌아보자고 이야기했더니 다들 고개를 끄덕입니다.

　보통 개인적으로 양화진을 가면 선교사님들에 대한 자세한 소개를 듣기가 어려운데, 저희가 도착할 때쯤 교회에서 단체로 오신 분들이 계셔서 안내자의 도움을 받으며 설명을 들을 수 있었습니다. 양화진 선교사묘원에서 준비한 영상도 아이들과 시청할 수 있었고요.

　복음을 들고 먼 이곳까지 오신 분들의 삶의 이야기를 들으면서 아이들은 무슨 생각을 했을까요? 양화진을 다녀와서 아이들에게 가장 기억에 남았던 이야기가 있다면 그림으로 표현해 보라고 했습니다. 그랬더니 저마다 다른 이야기가 아이들의 입술에서 고백됩니다. 선교사님들이 살아온 삶의 흔적이 아이들 가슴에 남아 있었습니다.

　그 일로 복음을 들어보지 않은 이 땅에 한 알의 밀알이 되어 땅에 떨어져 죽음으로 그 자리에 새로운 복음의 생명을 심겨 주신 많은 선교사님들의 사랑을 다시 한 번 기억할 수 있었습니다. 그리고 그 사랑으로 지금의 나와 아이들이 예수님을 알게 되었다는 사실이 가슴을 뜨겁게 했습니다.

복음에 빚진 삶. 이제 그 복음을 받은 나와 우리 아이들이 또 다른 자들에게 사랑을 전할 수 있기를 기도했습니다.

September

주일예배 말씀 나누기

오늘 내가 네게 명하는 이 말씀을 너는 마음에 새기고 네 자녀에게 부지런히 가르치며 집에 앉았을 때에든지 길을 갈 때에든지 누워 있을 때에든지 일어날 때에든지 이 말씀을 강론할 것이며 (신 6:6-7)

자녀와 함께 하나님의 말씀을 나눌 수 있는 가장 좋은 시간은 언제일까요? 바로 주일 저녁입니다. 그날 교회에서 예배하며 들었던 설교를 가족들 앞에서 나누어 보세요. 말씀을 다시 한 번 정리하면 마음속에, 머릿속에 꼭꼭 담을 수 있는 좋은 기회가 될 것입니다.

★ 토요일에 미리 준비하기

준비물: 설교를 적을 수첩, 펜

활동 방법

① 토요일이 되면 자녀가 교회에 가지고 가는 가방에 설교를 적을 수첩과 펜을 넣습니다. 그리고 이렇게 이야기해 주세요.
  "○○아, 내일 예배 시간에 전도사님(목사님)이 들려주시는 설교를 잘 듣고 기억에 남는 내용을 이 수첩에 써 보는 거야. 그래서 주일 저녁에 우리 가족들 앞에서 어떤 말씀이었는지 발표할 수 있도록 준비해 보자."

② 글씨를 자유롭게 쓸 수 없는 어린 자녀들은 적는 것에 신경 쓰느라 설교에 집중하지 못할 수 있어요. 그런 자녀에게는 이렇게 이야기해 주세요.
  "○○아, 전도사님(목사님)이 들려주시는 설교를 잘 듣고 어떤 사람이 나오는지, 또는 어떤 동물이 나오는지 기억해 보는 거야. 그리고 집에 와서 이 수첩에 적어 보거나 그림으로 그려 보자. 혼자 그리기 어려우면 엄마, 아빠한테 이야기해 줘. 함께 그려 보자."

★ 주일 저녁에 말씀 나누기

준비물: 설교를 메모한 수첩, 의자(발표자가 앞에 나가 앉아서 할 수 있도록)

활동 방법

① 주일 저녁이나 편한 시간에 에 온 가족이 함께 모여요.
"오늘도 멋진 모습으로 하나님께 예배하고 왔니? 어떤 말씀을 들었는지 궁금하구나. 지금부터 오늘 들은 하나님 말씀을 함께 나누어 보자."
② 발표할 순서는 제비를 뽑거나 가위바위보, 사다리 타기 등 매주 다양한 방법으로 정하면 더 재미있어요.
③ 순서에 따라 준비된 자리로 나와 오늘 들은 말씀을 발표하도록 해요. 메모한 설교 노트를 보면서 이야기하면 더 좋겠지요?
④ 말씀을 들은 다른 가족들이 궁금한 것은 없는지 질문하도록 합니다.
⑤ 말씀을 발표한 자녀가 무엇을 깨달았는지 물어봅니다.
⑥ 혹시 자녀가 설교 말씀에 대해 잘못 이해했거나 어려워하는 부분이 있다면 부모님이 설명해 주세요. 자녀가 부서의 주보를 가져오도록 해서 어떤 설교였는지 알고 있으면 더욱 잘 설명해 줄 수 있습니다. 부서 주보가 없다면 담임 선생님을 통해 알아볼 수 있겠지요?

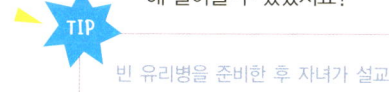

빈 유리병을 준비한 후 자녀가 설교 말씀을 앞에 나와서 발표할 때마다 구슬을 채워 주세요. 병에 구슬이 다 채워지고 나면 칭찬과 격려의 의미로 말씀파티를 열어도 좋습니다.

★ 정리하면서

"하나님, 오늘도 온 가족이 하나님께 예배하며 하나님의 말씀을 듣게 해주셔서 감사해요. 이번 한 주도 오늘 들은 말씀대로 살아갈 수 있는 우리 가족이 되게 해주세요. 예수님의 이름으로 기도합니다. 아멘."

쓰리민 가정 이야기

저희 가정은 매 주일마다 아이들과 저녁에 모여서 각자의 부서에서 어떤 말씀을 들었는지 나누는 시간을 갖습니다. 아이들이 말씀을 잊어버릴 수 있을 것 같아 설교노트에 말씀을 잘 적어 오라고 당부하지요. 처음에는 설교노트에 어떻게 말씀을 적어야 할지 막막해하던 아이들이 이젠 제법 요점정리와 실천사항까지 나누어 적어 옵니다.

어린 다민이는 아직 정리되지 않은 말솜씨 때문에 무슨 설교를 들었는지 감이 잡히지 않기도 하지만, 그럴 때는 찬양을 신 나게 부르며 마무리합니다. 지민이는 생각보다 정리를 잘해서 말씀을 나눕니다. 아직 적용하는 말씀에 대해서는 기억 못할 때가 많이 있지만, 성경에 나오는 인물들과 상황에 대해서는 잘 이야기합니다.

하민이는 전도사님이 하신 말씀을 수첩에 적어 와서 이야기합니다. 전도사님의 말씀이 이해가 안 가거나 기억이 잘 안 나면 직접 전도사님께

오늘 말씀에 대해 요약을 해달라고 부탁을 하더군요. 하민이는 가족 앞인데도 앞에 나가서 발표하는 것을 쑥스러워해서 자기 자리에 앉아서 개미만 한 목소리로 이야기할 때가 많습니다. 그래도 말씀을 정리해 오고 경청하는 마음이 중요한 것이라 하민이의 발표가 끝난 뒤에는 우레와 같은 박수로 격려해 줍니다.

저와 남편은 담임목사님의 설교를 듣고 받은 은혜와 적용할 부분들을 나눕니다. 그리고 한 주간 동안 말씀대로 살도록 격려하며 기도하지요.

각 자의 부서에서 들었던 말씀을 가정 안에서 나누면서 아이들은 다시 한 번 말씀을 기억할 수 있는 시간이 되어 좋고, 부모는 아이들이 어떠한 말씀을 듣고 어떻게 생각하는지를 들을 수 있어서 좋은 것 같습니다. 들을 말씀을 함께 나누는 것, 가족끼리 꼭 필요한 시간인 것 같습니다.

September

착한 소비로 생명 존중하기

하나님이 그들에게 복을 주시며 하나님이 그들에게 이르시되
생육하고 번성하여 땅에 충만하라, 땅을 정복하라, 바다의 물고기와 하늘의 새와
땅에 움직이는 모든 생물을 다스리라 하시니라 (창 1:28)

착한 소비는 다른 사람이나 사회, 환경에 어떤 결과를 가져올지 고려해 사회에 바람직한 방향으로 소비하는 행위를 뜻합니다. 기존의 소비자들이 가격, 품질, 서비스 등을 선택의 잣대로 갖고 있었다면, 환경과 생명, 지속 가능한 사회를 생각하는 윤리적 소비자들은 그 제품 안에 담긴 가치를 읽습니다. 하나님이 보시기 심히 좋았던 창조세계의 숨결을 지키는 착한 소비자가 되어 봅시다.

★ 착한 소비를 위한 3가지 고려 사항

착한 소비는 '자연'과 '동물'과 '사람'의 생명 존중을 생각하며 물건을 사는 거예요. 예를 들면 '내가 사는 일회용품이 자연을 아프게 하지는 않을까?'를 먼저 고민해 보는 것이지요. 아래 내용을 자녀와 함께 나누며 착한 소비에 대해 생각해 보세요.

1. 자연: 바다거북과 쓰레기 섬 이야기

① 옆의 사진과 함께 코에 빨대가 박혀 괴로워하는 바다거북의 사진을 기사를 찾아 보여 주세요.
② "바다거북과 빨대는 어떤 관련이 있을까?"라고 질문한 뒤 아이의 생각을 들어주세요.
③ "우리가 무심코 쓰는 빨대가 바다에 사는 바다거북을 괴롭힐 수도 있어. 지금 바다에는 빨대 같은 많은 플라스틱 쓰레기들이 섬이 되어서 떠돌고 있대. 이제는 일회용품을 사용할 때 우리 때문에 고통받는 자연을 한 번 더 생각해 보자."

2. 동물: 오리털 점퍼와 오리 이야기

① 옆의 사진과 함께 털이 빠진 오리 사진을 찾아서 보여 주세요.
② "오리털 점퍼랑 오리는 어떤 관련이 있을까?"라고 질문한 뒤 아이의 생각을 들어주세요.
③ "우리가 겨울에 입는 오리털 점퍼 하나를 위해서 살아 있는 오리 20마리의 털을 뽑는다고 해. 오리뿐 아니라 밍크 여우, 양, 토끼, 라쿤들도 그렇다고 하니 앞으로는 동물들의 고통도 생각해서 착한 소비를 해야겠지? 이제부터 오리털, 거위털 옷보다는 다른 재료로 만든 옷을 입으면서 겨울을 보내 보자."

3. 사람: 축구공과 지구촌 어린이 이야기

① 옆의 사진과 함께 축구공을 만드는 아이들 사진을 찾아 보여 주세요.
② "축구공이랑 어린이 친구는 어떤 관련이 있을까?"라고 질문한 뒤 아이의 생각을 들어주세요.
③ "네가 축구공을 차며 놀 때 지구 건너편 친구들은 학교도 못 가고 종일 바늘에 찔려가며 바느질을 하고 있어. 이렇게 하루에 100-150원밖에 못 받는 4-14세 어린이가 1억 5800만 명이나 된다고 해. 우리 이제는 노동자들이 제값을 주고 만든 축구공(공정무역 축구공)을 이용하도록 하자."

• 축구공 이외에도 커피, 초콜릿 등 많은 공정무역제품들이 있습니다.

★ 정리하면서

"이 지구에는 사람만 사는 것이 아니라 자연과 동물들이 함께 살고 있음을 기억해야 해. 우리가 쉽게 사고 버리는 물건들 때문에 자연과 동물들, 다른 나라 친구들이 아파하는 건 아닌지 돌아보고 착한 소비를 하는 우리 가정이 되자."

쓰리민 가정 이야기

아이들과 평소에는 잘 들어보지 못했던 '착한 소비'에 대한 이야기를 나누었습니다. 우리의 생활이 풍족해지면서 소비가 많아지고 그로 인해 환경오염이 발생되는 악순환 속에서 어떻게 하면 하나님이 우리에게 맡겨 주신 이 지구를 잘 가꾸고 보존할 수 있을까 생각해 보았지요.

아이들에게 사진을 보여 주었습니다. 오리털 점퍼 하나를 만들기 위해 많은 오리들이 아파하고, 함부로 버린 플라스틱이 바다로 흘러가 바다에 살고 있는 생물들에게 피해를 주고, 축구공 하나를 만들기 위해 어린아이들이 부당한 착취를 당하는 현실…. 이 모든 것이 우리의 관심 없음과 무분별한 소비습관 때문이라고 설명해 주었습니다.

물건을 하나 사더라도 나눔을 실천하고 자연을 살리는 기업을 선택하는 것이 좋겠다고 말하면서, 그러기 위해서는 물건을 파는 사람들이나 기업의 가치관이 어떠한지 관심을 가져야 한다고 이

야기했습니다. 또한 필요 없는 물건은 사지 않도록 하고, 정말 필요한 물건이라면 오래도록 사용할 수 있는 것을 꼼꼼히 따져서 사는 지혜가 필요하
고 말해 주었습니다. 이러한 우리의 작은 관심이 지구를 살릴 수 있으며, 다스림의 사명을 잘 감당하게 할 거라고 말이지요.

아이들과 '착한 소비'에 대한 이야기를 나누다가 오히려 제가 부끄러워졌습니다. 무분별한 소비습관으로 자연에 대한 소중함이나 감사를 잊어버리고, 나와는 상관없는 이야기인 것처럼 생각했던 모습을 돌아보게 되었지요. 이제는 착한 소비 생활을 마음에 새기고 실천해야겠다고 다짐합니다. 그것이 다음 세대의 자녀를 위한 일이자, 더 나아가 하나님의 뜻을 이루는 일이기 때문입니다.

October 10-1

추수감사절에 감사 Day 정하기

범사에 감사하라 이것이 그리스도 예수 안에서
너희를 향하신 하나님의 뜻이니라 (살전 5:18)

"감사한 것을 세어 봅시다. 하나 둘 셋 넷 다섯 여섯 일곱, 두 손을 다 펴도 셀 수 없어요. 하나님이 주신 큰 은혜!" 이 찬양의 가사처럼, 우리는 매일 하나님의 은혜 속에 살아갑니다. 아침에 눈을 뜨고, 일터와 학교에 가고, 가족들과 즐거운 식사를 하고, 잠자리에 드는 것이 모두 은혜이지요. 추수감사주일을 맞아 '우리 집 감사 Day'를 정해 보고, 매일의 삶 속에서 감사를 고백해 보세요.

★ 감사 달력 만들기

준비물: 전지, 크레파스 또는 색연필, 투명테이프

활동 방법
① 전지에 크레파스로 12개의 칸을 만들어서 투명테이프로 벽면에 붙입니다.
   "얘들아, 여기 종이에 우리 집 감사 달력을 만들어 보자."
② 추수감사주일이 있는 달부터 순서대로 월을 표시하고, 매월 하루 '우리 집 감사 Day'를 정합니다.
   "우리 가족이 감사한 일들을 나누어 보는 '우리 집 감사 Day'를 매월 하루 정할 거야. 언제가 좋을까?"
③ '감사 Day'가 되면 가족들이 한자리에 모여서 이번 한 달 동안 하나님께 감사한 일들을 한 가지씩 종이 위에 적고 서로 나누어 봅니다. 글씨를 쓸 수 없는 자녀를 위해서는 부모님이 대신 적어 주거나 그림으로 표현하도록 합니다.
   "○○는 이번 한 달 동안 어떤 감사한 일이 있었니? 여기 적어 보자. 엄마랑 아빠도 적어 볼게."

④ 1년 동안 '감사 Day'를 보내고 나면 한 해 동안 어떠한 감사의 제목들이 있었는지 한눈에 볼 수 있어서 좋습니다.

★ 감사 릴레이 이어가기

준비물: 노트, 펜

활동 방법
① 가족들이 잘 볼 수 있는 곳에 노트와 펜을 준비하여 둡니다.
② 가족 중 한 명이 그날 하루 감사했던 일을 적습니다. 그리고 다음 날 감사 릴레이를 이어갈 가족을 지명해서 이름을 적어 둡니다. 그날 지명된 가족이 아니더라도 감사한 일이 있다면 노트에 적어도 좋습니다. 감사했던 내용뿐 아니라, 가족 중 누군가를 칭찬하고 싶다면 칭찬의 말을 적을 수도 있습니다.
③ 다음 날이 되면 지명된 가족이 그날 감사했던 일을 적어서 감사가 끊이지 않고 계속될 수 있도록 합니다.
④ 특별한 날이 아니더라도 매일 평범한 일상 속에서 감사한 것들을 떠올려 보면서 감사의 고백이 끊이지 않고 계속 이어지게 합니다.
⑤ 매월 한 번, '우리 집 감사 Day'에는 가족들이 적었던 감사의 내용에는 어떤 것들이 있는지 함께 나누어 보는 시간을 갖습니다.

★ 정리하면서

"하나님, 언제나 우리 가족을 지켜주시고 함께해 주셔서 감사해요. 날마다 하나님의 은혜에 감사하며 기쁘게 살아가는 우리 가족이 되게 해주세요. 예수님의 이름으로 기도합니다. 아멘."

쓰리민 가정 이야기

"범사에 감사하라"는 하나님의 말씀이 떠오릅니다. 늘 우리에게 가장 좋은 것으로, 가장 최선의 것으로 이끄시는 하나님에 대한 믿음이 있다면 범사에 감사할 수 있겠지요. 슬플 때에도, 고통 가운데서도 감사할 수 있는 우리 가족이 되면 얼마나 좋을까요?

아이들에게 늘 감사하는 법을 가르쳐 주고 싶었습니다. 평범한 일상에서도 감사를 발견해 낼 수 있는 아이들이라면 힘이 들고 어려울 때에도 감사를 고백할 수 있지 않을까 싶어서였습니다.

그래서 아이들과 '가족 감사 노트'를 만들기로 했습니다. 생각날 때마다, 아니 하루에 하나라도 좋으니 감사할 제목이 있다면 적어 보자고 이야기했지요. 그랬더니 아이들이 제법 고민하지 않고 쓱싹쓱싹 적어 내려갑니다. 평소에 주일헌금을 할 때마다 헌금 봉투 앞에 감사의 제목을 적으며 꾸준히 훈련했던 덕일까요?

물론 아직까지는 "감사 노트 적자!"라고 이야기해야만 옹기종기 모여 앉아 '오늘의 감사제목이 뭐였더라…' 하며 적지만, 시간이 지날수록 순간순간 감사한 내용을 발견하고 감사 노트를 펴서 감사의 고백을 꼼꼼히 적어가는 아이들이 되기를 바랍니다. 감사의 고백이 차곡차곡 쌓여서 하나님에 대한 신뢰와 사랑을 실질적으로 느끼게 되고, 보게 되고, 알게 되는 우리 가족이 되기를 소망하면서 말이지요.

October 10-2

나라를 위해 기도하기

나라는 여호와의 것이요 여호와는 모든 나라의 주재심이로다 (시 22:28)

> 기독교 가정문화를 만들어 가는 데 있어 꼭 필요한 것 중에 하나가 바로 나라에 대한 기독교적 관점을 갖는 것입니다. 시편 22편 28절의 말씀처럼 나라의 주재가 하나님이심을 알고, 이 나라의 일들에 대해 관심을 가지고 기도하는 일을 자녀와 함께 시작해 보세요.

★ 언제 기도할까?

나라를 위해 기도하는 날을 정하세요. 일주일 중에 편한 요일, 또는 한 달에 한 번을 정해 나라를 위해 기도하세요.

★ 어떻게 기도할까?

① 나라를 위해 기도하는 날, 온 가족이 함께 한자리에 모입니다.

"얘들아, 오늘은 우리 가족이 나라를 위해 기도하는 날이지. 우리 함께 모여서 기도하자."

② 가족들이 순서대로 한 명씩 기도하도록 합니다. 처음에 기도하기 어려워하는 자녀가 있다면, 부모님이 기도하는 것을 몇 번 보고 경험한 다음 기도할 수 있도록 기회를 주세요.

예) 아빠: 하나님이 나라의 주인이심을 고백하는 기도
    엄마: 우리나라의 갈등과 분열이 해소되기를 바라는 기도
    자녀: 어려운 이웃들을 위한 기도

③ 기도하는 날의 뉴스를 자녀와 함께 보고 기도해야 할 사건들이 어떤 것이 있는지 살펴보세요. 그리고 가족들이 함께 기도문을 써 보세요.

④ 가족들이 함께 쓴 기도문을 한목소리로 함께 읽으면서 기도해요.

기도문 예시: 하나님이 나라의 주인이심을 고백하는 기도

"하나님, 하나님이 이 나라의 주인 되심을 믿어요. 하나님이 세우신 이 나라가 더욱 하나님을 사랑하며 하나님이 기뻐하시는 모습으로 세워져 갈 수 있도록 도와주세요. 그리고 나라를 다스리는 지도자들이 정의롭게 나라를 다스릴 수 있게 해주세요. 예수님의 이름으로 기도합니다. 아멘."

기도문 예시: 우리나라의 갈등과 분열이 해소되기를 바라는 기도

"하나님, 우리나라가 예수님의 사랑으로 화해할 수 있도록 도와주세요. 전쟁으로 나누어진 나라가 화해하고, 지역이 다르다는 이유로 갈등하는 사람들이 화해하고, 다른 나라 사람들과도 사이좋게 지낼 수 있도록 도와주세요. 예수님의 이름으로 기도합니다. 아멘."

기도문 예시: 어려운 이웃들을 위한 기도

"하나님, 우리나라에는 어려운 이웃들이 많아요. 엄마, 아빠의 보살핌 속에 살지 못하는 아이들, 아파도 병원에 갈 수 없고 먹을 것이 없어 배고파하는 이웃들 말이에요. 하나님, 우리나라가 어려운 이웃들에게 더 많이 관심을 가지고 도울 수 있도록 해주세요. 예수님의 이름으로 기도합니다. 아멘."

★ 정리하면서

"하나님이 세우신 우리나라가 하나님의 뜻이 이루어지는 나라가 될 수 있도록 항상 기도하는 우리 가정이 되자."

쓰리민 가정 이야기

나라 안팎의 뉴스를 듣다 보면, '나라를 위해 지금 내가 할 수 있는 것은 무엇일까?'라는 생각을 종종 하게 됩니다. 지금의 시간이 모여 하루가 되고, 또 그 시간들이 모여 역사가 될 테니까요.

아이를 키우면서 우리 아이들에게는 정직하고 공의로운 나라를 건네주고 싶다는 생각을 해봅니다. 그리고 무척이나 혼란스럽고 어그러져 보이는 이 나라를 생각할 때 지금 내가 할 수 있는 일은 무엇일까 고민하게 되지요.

몇 해 전, 세월호 사건이 일어났습니다. 어떤 이들은 이 문제를 가지고 정치적인 관점에서 해석하고 편을 나누려 하지만, 그런 것을 다 뒤로하고서라도 우리 사회에서 약자인 그들의 소리에 귀 기울여 주고 그들의 아픔을 함께 나누는 것이 그리스도인으로서 마땅히 해야 할 일이라고 여겨졌습니다.

세월호 사건이 일어난 날, 아이들과 가정예배를 드리면서 세월호의 아픔을 우리 마음에 새기고 우는 자들과 함께 울라는 말씀을 기억하며 함께 울자고 이야기했습니다. 그리고 마음을 모아 기도하자고 했습니다.

아직 무슨 말인지 모르는 아이들이지만, 그렇게나마 아파하는 자들의 마음을 아이들과 함께 나누고 싶었습니다. 나라를 위한 기도는 다름 아닌 우리 이웃을 위한 기도라 생각했기 때문입니다.

이 나라에서 일어나는 기쁜 소식에는 감사하고, 슬픈 소식에는 함께 슬퍼하며 기도하는 우리 가정이 되었으면 좋겠습니다. 또한 기도하는 가운데 주시는 마음을 안과 밖에서 실천하는 우리 가정이 되었으면 좋겠습니다. 그래서 다음 세대 아이들이 지금보다 더 나은 땅에서 살아가게 되기를 기대합니다.

October 10-3

집안일 함께하기

한 사람이면 패하겠거니와 두 사람이면 맞설 수 있나니
세 겹 줄은 쉽게 끊어지지 아니하느니라 (전 4:12)

> 집안일은 부모의 일이라고만 생각하나요? 자녀에게 정기적으로 집안일을 맡겨 보세요. 아이는 집안일을 통해 혼자서 해낼 수 있다는 자신감과 자존감을 느낄 수 있고, 책임감과 자립심을 키울 수 있습니다. 행복에 관한 연구가 하버드 의대의 조지 베일런트 박사가 11-16세의 아동을 약 35년 동안 조사한 결과에 따르면, 성인이 되어서 성공한 사람들은 어린 시절부터 집안일을 경험했다고 합니다. 집안일, 이제 우리 아이들과 함께해 보세요.

★ 해야 하는 집안일이 무엇인지 생각해 보기

그동안 내 일이 아니기 때문에 무관심하게 보았던 집안일에는 무엇이 있을지 생각해 보는 시간을 주세요. 아이들의 생각을 들어보고 함께 써 봅니다.

예) 빨래 널기, 식탁에 숟가락 놓기, 신발 정리하기, 유리창 닦기, 빨래 개기, 쓰레기 분리수거하기, 쓰레기 버리기, 화분에 물 주기, 방청소하기

★ 내가 할 수 있는 집안일 맡기

아이들이 할 수 있는 집안일을 나눠서 함께 써 봅니다.

★ 일간, 주간, 월간에 하는 일 나누기

집안일을 정할 때, 일간, 주간, 월간으로 할 일을 체계적으로 나누면 실천하기 쉽겠지요? 옆에 나온 표를 참고하여 만들어 보세요.

"우리 매일 해야 하는 일과 일주일에 한 번 하는 일, 한 달에 한 번 하는 일로 나누어 볼까? 예를 들면 장난감 정리하기, 식탁 차리기 등 간단한 일은 매일 할 수 있고, 방청소나 화분에 물 주기, 창문 닦기, 음식물 쓰레기 버리기, 분리수거 등은 일주일에 한 번 주말에 하고, 베란다 청소 도와주는 것은 한 달에 한 번 월말에 하는 것이 좋겠다."

우리가 해야 하는 집안일들
-
-
-
-
-
-
-

내가 할 수 있는 집안일
-
-
-
-

매일 할 수 있어요!
-
-
-
-

October 10-3

일주일에 한 번 할 수 있어요! (하는 요일:)

-
-
-

한 달에 한 번 할 수 있어요! (하는 날짜:)

-
-

1. 집안일을 억지로 하지 않게 아이들과 대화의 시간을 가지세요. 목록을 정할 때도 아이의 의사를 충분히 반영해 주세요.
2. 집안일에 대한 보상으로 돈이나 선물을 주지 마세요. 집안일이 내 일이고, 가정을 위한 일이라는 인식을 갖게 하려면 돈이나 선물을 주면 안 됩니다. 일을 완수하면 구체적인 칭찬과 고마운 마음을 표현해 주세요.

★ 정리하면서

"우리 ○○가 열심히 해서 엄마, 아빠에게 큰 도움이 되었어. 방이 많이 깨끗해졌구나. 방을 스스로 치우는 ○○가 너무 기특하고 사랑스러워. 우리 가족이 이렇게 함께 도우면서 집안일을 하니 더 행복해지는 것 같아."

쓰리민 가정 이야기

저희 가족은 매달 집안일 분담표를 적어 의논합니다. 엄마의 일을 덜어서 도와주자는 이유도 있고, 가족 구성원으로서의 책임을 갖게 하기 위함이기도 합니다.

저희 가정에서 정해 놓은 일들은 이렇습니다.

이불 깔기, 이불 개기	재활용 분리하기, 재활용 버리기	물고기 밥 주기
밥상 펴기, 밥상 접기	음식물 쓰레기 버리기	사막다람쥐 밥 주기
숟가락 놓기	청소기 돌리기, 바닥 닦기	지렁이 밥 주기
빨래 분리하기, 빨래 개기	신발 정리하기	유리창 닦기

매달 초에 이렇게 분담표를 적어서 각자 자신이 하고 싶은 일을 이야기하고 나누어서 결정을 하지요. 이 가운데 아이들이 가장 꺼리는 일이 있는데요. 바로 '빨래 분리하기'입니다. 언제나 이것을 맡기 싫어해서 항상

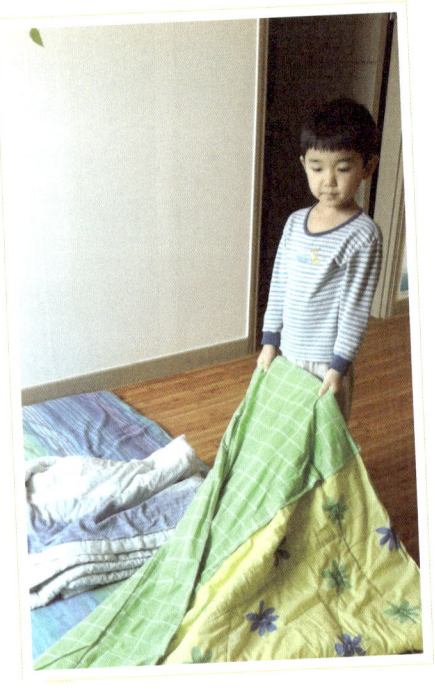

마지막에 남게 되지요. 이 일을 맡은 아이에게는 다른 몇 가지를 하지 않아도 되는 특권이 주어지기도 하고요. 이것 역시 아이들끼리 이야기하며 스스로 정하도록 하고 있습니다. 물론 가운데서 아빠가 아이들의 의견을 잘 중재해 주면서요.

어렸을 때부터 아이들과 집안일을 나누어서 해왔더니, 생각보다 곧잘 하고 지금은 당연히 본인들도 힘께 해야 하는 일로 받아들입니다.

분리수거를 하는 날이면 큰아이 하민이부터 막내 다민이까지 아빠를 도와 각자 맡은 쓰레기를 집 앞까지 가지고 내려갑니다. 물론 냄새 나는 음식물 쓰레기도 예외는 아닙니다. 코를 막아 가면서도 자기가 해야 할 일이기에 투덜대지 않고 가지고 가는 아이들의 모습을 보면서 기특하다고 여길 때가 한두 번이 아닙니다.

공부보다 집안일이 많다며 투덜대는 녀석들이지만, 가족으로서 해야 하는 일이라고 인식하고 책임감 있게 행동하는 모습을 보고 있으면 흐뭇한 마음이 들곤 합니다.

때로는 자기가 맡은 일이 아닌데도 동생이나 형의 일을 도맡아 할 때도 있습니다. 그럴 때는 칭찬과 격려로 아이의 배려심을 북돋워 줍니다.

한번은 누가 시키지도 않았는데 가지런히 정리가 되어 있는 신발을 보았습니다. 제가 "어머! 다민이가 이제 자기 일이라고 시키지도 않았는데 잘 정리해 놓았구나?"라고 말했더니, 솔직담백한 다민이는 "내가 안 했는데?"라고 말합니다. "그럼 누구지?"라고 아이들에게 물어보았더니 둘째 지민이가 자기가 했다고 이야기하더군요.

이번 달에 지민이가 해야 할 집안일이 아니었는데도 왜 신발 정리를 했느냐고 물어보았더니 "다민이가 하기 힘들어하는 것 같아서 그냥 내가 한 거야"라고 대답합니다.

누가 말하지 않아도 도움을 주고자 했던 지민이의 마음 씀씀이가 참 예뻐 보였습니다.

아이들에게 가정 안에서 할 수 있는 일을 맡겨 주면서, 책임을 갖는다는 것은 무엇인지, 서로 도와주는 섬김은 무엇인지 알려줄 수 있는 기회가 되어 참 좋은 것 같습니다.

November 11-1

영화 보고 이야기 나누기

곧 지혜가 네 마음에 들어가며 지식이 네 영혼을 즐겁게 할 것이요 (잠 2:10)

좋은 영화를 보고 아이들과 생각을 나누면 아이들의 몰랐던 감정도 알게 되고, 자기의 생각을 말하는 능력도 길러집니다. 생각하고 말하는 능력, 다른 곳에서 배우지 말고 가정에서 키워 주세요.

★ 주사위 대화하기

아이들과 함께 유익하고 재미있는 영화를 보고 이야기를 나눠 보세요. 주사위를 굴려서 아빠, 엄마, 아이들이 한 문제씩 답하는데요. 1번이 나오면 1번 문제, 2번이 나오면 2번 문제에 답을 하면 됩니다. 자, 그럼 주사위를 굴려 볼까요?

① 영화를 보고 가장 기억에 남는 대사는?
② 만약 네가 주인공이라면 마음이 어땠을까?
③ 만약 네가 감독이라서 다른 결말을 쓴다면 어떻게 다시 쓰고 싶어?
④ 영화를 보고 배울 점은 무엇이라고 생각해?
⑤ 네가 제일 좋아하는 등장인물은 누구야? 그 이유는?
⑥ 네가 제일 싫어하는 등장인물은 누구야? 그 이유는?

부모님이 영화를 보면서 아이에게 질문할 거리를 생각해 보셔도 좋습니다. 〈너는 특별하단다〉 영화를 봤을 경우에는 이런 질문을 할 수 있어요.

① 루시아에게 스티커가 붙지 않는 이유는 무엇일까?
② 펀치넬로가 벌점을 받을 때 너의 마음은 어땠니?
③ 펀치넬로가 스스로 바보스럽다고 느낄 때 네가 펀치넬로 친구라면 어떻게 이야기해 줄 수 있을까?
④ 펀치넬로가 바로 엘리 앞에 가기 두려워했던 이유는 무엇일까?

⑤ 펀치넬로가 엘리에게 특별한 이유는 무엇일까?

⑥ 펀치넬로에게 스티커가 붙지 않으려면 어떻게 해야 할까?

★ 그림으로 표현하기

만약 자녀가 대화하기 어려운 나이라면 그림을 그려서 이야기할 수 있어요. 영화를 보고 생각나는 장면이나 등장인물을 그림으로 표현하고 이야기해 보세요.

추천 영화
- 너는 특별하단다 ①②③
- 스토리박스① - 예수님의 놀라운 초대
- 스토리박스② - 널 기다리고 있어
- 스토리박스③ - 하이조이, 널 용서했단다
- 스토일박스④ - 넌 특별해
- 인사이드 아웃
- 나니아 연대기① - 사자, 마녀 그리고 옷장
- 나니아 연대기② - 캐스피언 왕자
- 나니아 연대기③ - 새벽 출정호의 항해
- 이집트의 왕자① - 모세 이야기
- 이집트의 왕자② - 요셉 이야기

집에서 영화를 볼 때는 합법적으로 다운받을 수 있는 사이트를 이용하여 그리스도인의 양심을 지키도록 합니다.

★ 정리하면서

"영화를 보고 서로 생각을 나눌 수 있어서 너 뜻깊은 것 같구나. 우리 ㅇㅇ의 생각이 많이 성숙해졌다는 것을 느낄 수 있는 시간이었어. 앞으로도 엄마랑 아빠랑 영화를 보며 자주 대화해 보자."

쓰리민 가정 이야기

저희 가정은 아이들과 함께 자주 영화를 봅니다. 아이들만 따로 보는 것이 아니라, 되도록 가족이 모두 함께 보는 것을 원칙으로 하지요. 그래서 영화관에 아이들끼리 따로 보내거나 하는 경우는 그리 많지 않습니다.

사실 그렇게 하는 이유가 있습니다. 영화를 보고 나서 아이들과 함께 생각을 나누고 싶기도 하고, 영화 안에 성경과 다른 가치관이 담겨 있다면 아이들과 이야기를 나누면서 생각을 걸러내 주어야 하기 때문입니다.

평소에도 도라에몽을 잘 보는 아이들과 집에서 〈도라에몽 스탠바이미〉를 본 적이 있습니다. 도라에몽이 애니메이션이기는 하지만 저도 좋아하는 캐릭터라 같이 보기 시작했지요.

영화가 끝이 나고 재미있었냐고 물어보니 다들 "네!" 하고 대답합니다. 어떤 장면

이 제일 기억에 남는지 물어보니, 저마다 재미있었던 장면과 생각나는 장면을 이야기하더군요.

아이들의 이야기를 듣고 저도 생각을 말했습니다.

"엄마도 기억에 남는 장면이 있어. 아까 주인공 진구가 나중에 자기와 결혼할 여자의 사진이 예쁜 이슬이가 됐을 때는 좋아하고, 뚱뚱한 퉁순이로 바뀔 때는 슬퍼하던 장면 기억나지? 엄마는 그 장면을 보면서 살짝 마음이 불편했어. 하나님은 마음의 중심을 보시는 분인데 사람을 외모로 판단하는 진구의 모습이 안타깝더라. 사람은 저마다 다르게 생겼을 뿐인데 외모의 다름을 보고 사람을 판단하는 건 옳지 않은 것 같아. 퉁순이도 뚱뚱하기는 하지만 그림을 잘 그리는 특기를 가지고 있는데 말이야."

간혹 아이들이 보는 애니메이션에도 선정적이거나 폭력적인 장면이 나오기도 합니다. 그럴 때는 아이들과 영화를 함께 보면서 아이들이 무엇을 보았는지 알고 있을 필요가 있습니다. 잘못된 가치관을 형성할 위험이 많기 때문입니다.

아이들과 함께 영화를 보고 아이들의 생각을 들어보면서, 말씀 안에 바르고 건전한 생각을 하고 있다면 격려를 해주고, 그렇지 않을 경우에는 올바른 가치관으로 바로잡아 주어야 할 것입니다.

November

잠자기 전에 기도하기

이스라엘을 지키시는 이는 졸지도 아니하시고 주무시지도 아니하시리로다 (시 121:4)

매일 밤 하루의 삶을 감사하며 사랑하는 자녀를 위해 축복기도를 해주는 일은 부모가 자녀에게 줄 수 있는 최고의 선물일 것입니다. 자녀의 마음속에 자신을 위해 온 마음을 담아 축복하는 부모님의 기도 소리가 담기게 해주세요. 그 기도가 자녀의 삶을 든든히 지켜주는 큰 힘이 될 것입니다.

★ 잠자리에서 자녀를 위해 기도하기

잠자리에 들기 전, 자녀를 사랑하고 축복하는 마음을 가득 담아 기도해 주세요.

기도① 혼자 자기 무서워하는 어린 자녀를 위해

"사랑하는 하나님, ○○가 캄캄한 밤에도 무서워하지 않게 지켜주세요. 잠자리에서도 하나님이 함께하신다는 것을 기억하게 해주세요. 하나님의 사랑으로 밤새도록 지켜주시고, 상쾌한 아침 햇살을 받으며 일어나게 해주세요. 예수님의 이름으로 기도합니다. 아멘."

기도② 자녀의 몸에 손을 대며

"하나님, 우리 가정에 ○○를 선물로 주셔서 감사합니다.
(자녀의 머리에 손을 대며) 머리를 축복하셔서, 하나님을 아는 지혜와 명철이 가득하여 하나님의 뜻을 분별하는 자녀가 되게 하소서.
(자녀의 눈에 손을 대며) 두 눈을 축복하셔서, 세상의 헛된 것이 아니라 하나님이 주시는 꿈을 바라보는 자녀가 되게 하소서.
(자녀의 귀에 손을 대며) 두 귀를 축복하셔서, 하나님이 들려주시는 사랑의 음성을 들을 수 있는 자녀가 되게 하소서.

(자녀의 입술에 손을 대며) 입술을 축복하셔서, 기도와 찬송이 끊이지 않게 하시고 감사와 위로의 말을 하는 자녀가 되게 하소서.
(자녀의 가슴에 손을 대며) 가슴을 축복하셔서, 하나님과 이웃을 마음 다해 사랑하는 자녀가 되게 하소서.
(자녀의 손에 손을 대며) 두 손을 축복하셔서, 기도하는 손과 섬기는 손을 가진 자녀가 되게 하소서.
(자녀의 발에 손을 대며) 두 발을 축복하셔서, 가는 곳마다 하나님의 사랑을 나누고 전하는 자녀가 되게 하소서. 예수님의 이름으로 기도합니다. 아멘."

TIP
자녀를 목욕시키면서 이 내용으로 기도해 줄 수 있습니다.

기도③ 글씨를 읽을 수 있는 자녀와 함께
시편 121편의 말씀에 자녀의 이름을 넣어서 함께 읽으며 기도할 수 있습니다.

○○가 산을 향하여 눈을 들리라 ○○의 도움이 어디서 올까
○○의 도움은 천지를 지으신 여호와에게서로다
여호와께서 ○○를 실족하지 아니하게 하시며
○○를 지키시는 이가 졸지 아니하시리로다
이스라엘을 지키시는 이는 졸지도 아니하시고 주무시지도 아니하시리로다
여호와는 ○○를 지키시는 이시라
여호와께서 ○○의 오른쪽에서 ○○이의 그늘이 되시나니
낮의 해가 ○○를 상하게 하지 아니하며 밤의 달도 ○○를 해치지 아니하리로다
여호와께서 ○○를 지켜 모든 환난을 면하게 하시며 또 ○○의 영혼을 지키시리로다
여호와께서 ○○의 출입을 지금부터 영원까지 지키시리로다
아멘.

November

- 잠자리 기도 시간에 자녀와 함께 이야기 성경을 읽고 위의 내용으로 기도하면서 가정예배를 드릴 수 있습니다.
- 자녀를 위한 축복기도 책들을 참고하면 더욱 풍성한 주제로 기도할 수 있습니다.

★ 정리하면서

기도를 마친 후 자녀에게 이야기해 주세요. "○○아, 잘 자렴. 네가 엄마, 아빠의 딸(아들)이어서 정말 행복해. 사랑한다. 축복한다."

쓰리민 가정 이야기

잠자기 전에 머리에 손을 얹고 기도해 주는 부모가 있는 아이들은 참 축복을 받았습니다. 하루 동안 함께해 주신 하나님께 감사하고, 다음 날의 삶을 허락해 주실 하나님께 감사하며, 우리에게 넘치는 은혜를 주신 하나님의 이름으로 축복해 주는 소리를 날마다 듣는 아이들은 얼마나 행복할까요.

사실 저희 가정은 잠자리 기도를 축복기도로 시작하지 않았습니다. 어렸을 때부터 겁이 많았던 큰 아이가 밤이 무서워서 가슴에 파고들면 하나님이 함께하시니 괜찮다고 다독이면서 아이와 함께 기도했던 것이 잠자리 기도의 시작이었지요.

두려워하는 아이를 위해 기도해 주며, 사랑의 하나님이 지켜주실 거라고 말해 주었습니다. 더불

어 하나님은 어떤 분이신지 그리고 그분이 일하신 것이 성경에는 어떻게 나오는지도 가르쳐 주었지요. 이러한 일들을 꾸준히 해오다 보니 지금은 잠자리에 눕기만 하면 아이들과 자연스럽게 하나님에 대해 이야기합니다. 아이들에게 "오늘 가장 기억에 남는 일이 무엇이니? 하나님이 생각났던 일은 없었니?"라고 운을 띄우기만 하면 너나 할 것 없이 자신만의 이야기를 시작합니다.

특히 저는 둘째 지민이와 이러한 시간을 자주 갖는데요. 엄마를 유독 좋아하는 지민이는 10살이 된 지금도 제 옆에 꼭 붙어 있어야만 잠을 청하는 엄마바라기입니다. 남편과 셋째 다민이가 잠들어야지만 제 옆자리가 자신의 차지가 된다는 것을 알기에 졸린 눈을 비벼가면서도 가장 늦게 자려고 애를 쓰는 녀석이지요. 그러다 보니 항상 밤 늦은 시간까지 깨어 있는 건 지민이와 단둘이 될 경우가 많지요.

그러다 보니 지민이와 항상 많은 대화를 나누게 되는데, 그 대화의 주제는 하나님에 대한 이야기일 경우가 대부분입니다. 가끔 형아와 동생 때문에 속상했던 일이나 하루 중에 재미있었던 일에 대한 이야기를 하기도 하지만, 이 역시 저는 위로하시는 하나님과 함께 기뻐하시는 하나님에 대해 이야기해 주면서 모든 주제를 말씀으로 풀어내 주려고 노력합니다.

참 좋으신 하나님에 대해 설명해 주고, 지민이가 하나님과 예수님에 대해 궁금해하는 것들을 듣고 대답해 주는 이 고요한 시간이 참 좋습니다. 이야기를 하면서 하나님께 기도하고 그 기도 소리를 듣다 잠드는 지민이의 모습에서 행복을 경험합니다.

하루 동안 아이를 축복하고 격려하는 말을 하지 못했을 때, 오늘도 열심히 살아 낸 아이에게 해주는 부모의 따뜻한 축복기도와 대화는 그 아이에게 큰 위로가 될 것입니다. 더욱이 하나님에 대한 이야기를 부모의 입술을 통해 들으면서 잠을 청하는 아이의 영혼은 얼마나 많이 자라게 될까요?

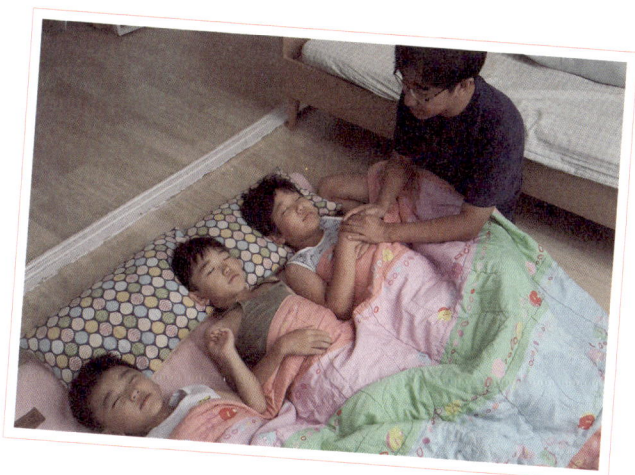

November 11-3

음식물 쓰레기 줄이기

하나님이 그들에게 복을 주시며 하나님이 그들에게 이르시되
생육하고 번성하여 땅에 충만하라, 땅을 정복하라, 바다의 물고기와 하늘의 새와
땅에 움직이는 모든 생물을 다스리라 하시니라 (창 1:28)

불과 몇십 년 전까지만 하더라도 먹고 살기 어려웠던 시절이 있었습니다. 그러나 지금은 음식을 못 먹어서 걱정이 아니라, 먹고 남은 음식물 쓰레기를 처리하는 것이 우리의 골칫덩이가 되어 버렸습니다. 음식물 쓰레기에는 음식 찌꺼기뿐 아니라 생산, 유통, 조리 과정에서 발생하는 모든 것이 포함됩니다. 지구를 위한 밥상 다이어트! 우리가 한번 실천해 봅시다.

★ 자녀와 함께 나누기

1. 아름이가 남긴 사과 조각은 어떻게 되었나요?
2. 음식물 괴물이 살을 빼려고 하면 어떤 일들이 발생하게 되나요?
3. 온실가스는 지구에 어떤 영향을 미치나요?

세상에서 가장 슬픈 괴물

★ 개인 접시에 알맞은 양만 담기

되도록 작은 밥공기나 찬기를 사용하여 전부 먹을 수 있을 정도의 양만 담아요.
"우리 음식을 먹을 때 조금씩 자기가 먹을 만큼만 덜어서 먹도록 하자. 순가락이 자주 닿거나 침이 들어가면 음식이 금방 상하기 때문에 버릴 수밖에 없거든. 개인 그릇에 덜어서 먹는 습관을 기르도록 하자."

★ 음식물 먹는 지렁이 키우기

음식물 쓰레기를 먹는 지렁이를 키워 보아요. 음식물 쓰레기 처리 비용도 줄이고, 지렁이가 음식물을 분해하는 과정을 보며 음식물 쓰레기를 줄이는 것에 대해 배울 수 있어요. 가정용 지렁이세트는 인터넷에서 구매할 수 있습니다.

TIP

1. 시장을 볼 때

일주일 단위로 식단을 구성해서 필요한 음식만 구입해요. 그러기 위해서는 장보기 전에 필요한 품목을 적어 보는 건 필수겠지요? 대량 포장보다는 낱개 포장 제품을 구입하고, 시장을 본 후 바로 손질하는 것도 음식물 쓰레기를 줄이는 팁이에요.

2. 음식점에서

음식점에서는 먹을 만큼만 주문하고 먹지 않을 반찬은 미리 반납해 보세요. 또한 추가 주문을 할 때는 신중하게 생각해서 음식물 쓰레기 줄이기에 앞장서요.

★ 정리하며

"우리 입에 맛있는 음식이 우리가 사는 지구에는 아픈 쓰레기가 될 수 있단다. 너무 욕심 부리지 말고 조금씩 알맞게 먹으면서 음식물 쓰레기를 줄이는 우리 집이 되어 보자!"

쓰리민 가정 이야기

"엄마! 우리 지렁이 키우자. 응?"

지민이는 동물을 참 좋아합니다. 나중에 커서 소, 돼지를 키우는 동물농장 주인이 되는 게 소원이기도 하고요. 지민이 덕분에 이미 물고기와 사막다람쥐를 키우고 있었는데, 이번에는 지렁이라니요!

사실 음식물 쓰레기를 줄이기 위해 지렁이를 키워 볼까 하는 생각에 지민이에게 "지렁이 키워 볼까?"라고 말한 적이 있었지요. 그때부터 지민이는 괜히 얘기를 꺼냈나 싶을 정도로 매일 지렁이 노래를 부르기 시작했습니다.

며칠 동안 계속 이야기하는 지민이의 모습에, 음식물 쓰레기도 줄이고 좋은 땅을 만들어 주는 지렁이를 가까이에서 보면 아이들에게 가르쳐 줄 것도 많을 것 같아 과감히 키우기로 결정했습니다. 생각보다 꼬물거리는 지렁이가 징그럽지만은 않더라고요.

지렁이가 먹을 수 있도록 음식물 쓰레기를 잘게 다지고 수분을 빼는 과정이 번거롭기도 했고, 생각보다 많은 양의 음식물 쓰레기가 줄지는 않았습니다. 하지만 아이들에게 음식물 쓰레기를 줄여야 함을 알려 줄 수 있는 좋은 기회가 되었지요.

지렁이들이 더 많이 자라서 더 많은 음식물 쓰레기를 해결해 주었으면 좋겠네요.

December 12-1

대림절에 아기 예수님 기다리기

예루살렘에 시므온이라 하는 사람이 있으니 이 사람은 의롭고 경건하여
이스라엘의 위로를 기다리는 자라 성령이 그 위에 계시더라 (눅 2:25)

대림절이 되면 주일에는 교회에서 초를 켜며 예수님 오심을 한 주 한 주 기다립니다. 우리 가정에서도 간절히 예수님을 기다린다면 성탄의 의미가 더욱 뜻깊게 느껴지겠지요? 대림절을 맞이하여 예수님 오심의 의미를 되새기고, 다른 이웃에게도 우리의 기다림을 보여 주면서 예수님을 함께 기다려 보세요.

★ 문에 하트와 별 붙이기

대림절 기간 동안에 기다림의 하트를 접어 한 주에 두 개씩 우리 집 문 앞에 붙여 보세요. 자녀와 함께 하트를 접을 때는 아래의 예문을 참고하여 예수님이 이 땅에 오심이 어떤 의미인지 나누어 보세요. 성탄절에는 함께 별을 접으며 예수님 오심을 기뻐하세요.

[대림절 첫째 주] 기다림과 소망의 하트를 만들어요
예수님의 오심을 기대하고 하나님 나라를 소망하며 하트를 접어 보세요.
"'예수님은 우리의 소망이십니다. 예수님을 기다립니다'라는 마음으로 하트를 접어서 문 앞에 붙여 보자."

[대림절 둘째 주] 회개의 하트를 만들어요
나를 통해 하나님의 나라가 이루어지고 있는지, 혹시 내 모습이 예수님 보시기에 부끄럽지는 않은지 생각하며 회개의 하트를 접어 보세요.
"이번 주간에는 하나님의 자녀가 세상에서 어떻게 살아야 하는지 생각하고, 회개하는 하트를 만들어 붙여 보자."

[대림절 셋째 주] 사랑과 나눔의 하트를 만들어요

주변에 상처 입은 이웃, 배고픈 이웃, 쓸쓸한 이웃은 없는지 생각하며 사랑과 나눔의 하트를 접어 보세요.

"이번 주는 우리가 사랑을 실천해야 하는 이웃은 누구인지 생각해 보고, 실천하는 하트를 만들어 보자."

[대림절 넷째 주] 만남과 화해의 하트를 만들어요

사람으로 오신 아기 예수님과의 만남을 기대하는 마음으로 하트를 접어 보세요.

"혹시 사이가 안 좋은 사람, 미안한 사람은 없는지 생각해 보자. 그리고 예수님이 우리를 하나님과 화해시켜 주신 것처럼 우리도 다른 사람을 용서하고 화해하는 하트를 만들어 보자."

[성탄절] 기쁨의 별을 만들어요

예수님이 아기의 몸으로 이 땅에 오심을 기뻐하며 함께 별을 접어 보세요.

"2000년 전 목동들을 비추어 주었던 별이 지금 우리의 마음과 세상을 밝게 비춰 주기를 기도하며 별을 만들어 보자. 예수님이 우리를 위해 이 땅에 오심을 기뻐하며, 그 기쁨을 이웃과도 함께 나누도록 하자."

하트 만들기

December 12-1

별 만들기

★ **정리하면서**

"아기 예수님을 기다리면서 함께 하트를 접어 이렇게 밖에 거니 너무 좋구나. 우리 이웃들도 이 하트의 의미가 무엇인지 궁금해하겠지? 한 주 한 주 문 밖에 하트를 달면서 예수님의 오심을 기다리는 우리 가정이 되자."

쓰리민 가정 이야기

대림절 기간이 시작되면 저희 가정에서는 예수님 오심을 기다리는 마음으로 아이들과 함께 특별한 시간을 갖습니다. 한번은 초 모양을 우드락으로 만들어서 한 주가 지날 때마다 아이들과 함께 하나씩 색칠을 하며 5개의 초를 크레파스로 켜 보는 시간을 갖기도 했고, 또 다른 대림절에는 아이들과 직접 쿠키를 구워 성탄목을 장식하며 생명의 떡이신 예수님을 기억하고 구운 쿠키는 이웃과 나누는 시간을 갖기도 했지요.

예수님이 이 땅에 오심을 감사하고 다시 오실 예수님을 기다리는 대림절. 아이들에게 '기다림'이라는 의미를 심어 줄 수 있는 시간이기 때문에 아이들과 함께하는 대림절은 참 소중합니다.

대림절 기간, 아이들의 마음속에 예수님이 다시 오실 것이라는 확신과 기대가 머무를 수 있도록 온 가족이 함께 예수님 오심을 기다리는 시간으로 채워 가는 건 어떨까요?

December 12-2

이웃 사랑 실천하기

둘째는 이것이니 네 이웃을 네 자신과 같이 사랑하라 하신 것이라
이보다 더 큰 계명이 없느니라 (막 12:31)

요즘은 '이웃사촌'이라는 말을 쓰기가 참 어려운 세상인 것 같습니다. 누가 옆집에 사는지 알지도 못한 채 지내는 경우가 대부분이기 때문입니다. 하지만 하나님은 말씀을 통해 하나님 사랑과 이웃 사랑을 가르쳐 주십니다. 우리의 이웃을 돌아보고 다가가려는 노력을 통해 하나님의 가르침을 실천하는 가정이 되어 봅시다.

★ 사랑 나눔맨 되기

1. 자녀와 이야기해요

"우리 집에 택배를 배달해 주시는 분들이 계시지? 우리가 그분들에게 사랑을 전할 수 있는 방법에는 뭐가 있을까? (자녀들의 생각을 들어준 후) 그래, 좋은 생각이다. 무거운 물건을 여기저기 배달하셔야 하니까 목이 마르실 때가 많을 것 같아. 그럼 너희가 음료수를 전해 드리는 사랑 나눔맨이 되어 보면 어떨까?"

2. 자녀와 준비하고 실천해요

① 자녀와 마트에 가서 택배 기사님에게 드릴 음료수를 구입합니다. 어떤 음료수가 좋을지 자녀들이 직접 골라 보도록 합니다.
② 냉장고에 구입한 음료수를 넣고 이야기합니다.
  "여기다 음료수를 넣어 놓고, 택배 아저씨가 오실 때마다 너희가 꺼내서 드리는 거야. '감사합니다' 인사도 함께 하고!"
③ 스티커 메모지에 감사 인사를 적습니다.
④ 택배 기사님이 방문하면 자녀들이 음료수에 메모를 붙여 전하며 인사할 수 있도록 합니다.
  "택배 아저씨 오셨네. 오늘은 누가 사랑 나눔맨이 되어 볼까?"

관리실의 경비 아저씨들에게도 음료수를 드릴 수 있겠지요?

★ 청소 특공대, 출동!

1. 자녀와 이야기해요
"우리가 이웃을 사랑할 수 있는 방법에는 뭐가 있을까? (자녀들의 생각을 들어준 후) 그래, 좋은 생각이다. 엄마, 아빠는 우리 가족이 동네를 청소해 보면 어떨까 생각했어. 우리 가족이 청소 특공대가 되어 보는 거지. 너희가 자주 가서 노는 놀이터를 청소하면 친구들이 더 즐겁고 안전하게 놀 수 있겠지?"

2. 자녀와 청소해요
준비물: 쓰레기를 담을 봉투, 손에 낄 장갑(위생장갑), 청소용 집게
① 자녀들에게 청소할 때 필요한 준비물을 나누어 줍니다.
② 정한 장소에 가서 쓰레기를 줍습니다. 너무 넓은 곳을 청소하거나 오랜 시간 청소해서 자녀들이 힘들어하지 않도록 적절한 장소를 선정해 주세요.
③ 청소를 다 마치면 자녀들을 칭찬해 주고 자녀들이 좋아하는 맛있는 음식을 상으로 주면 더욱 좋겠지요?
④ 집에 돌아 와서 자녀들과 아래의 질문을 나누며 대화해 보세요.
"청소하는 게 힘들지는 않았니? 청소하면서 어떤 생각이 들었니?"

★ 정리하면서

"하나님을 사랑하고 이웃을 사랑하는 것이 우리가 지켜야 할 하나님과의 약속이란다. 이웃에게 친절하게 사랑을 전하는 우리 가족이 되도록 노력하자."

쓰리민 가정 이야기

    겨울에 소복이 내리는 눈이 아직 제게는 낭만적으로 보입니다. 나이가 들수록 눈을 치울 걱정이 먼저 든다던데, 아직 저는 소녀 감성을 가지고 있어서인가요?

    그날도 눈이 펑펑 내렸습니다. 차곡차곡 쌓이는 눈이 너무 예뻐서 눈이 내리는 풍경을 흐뭇하게 바라보고 있었는데, 옆집 아주머니와 윗집 아주머니는 벌써 밖에 나와서 눈을 치우고 계시더군요.

    순간 설거지하던 것을 멈추고 그분들을 도와드려야겠다는 생각이 들었습니다. 분명 하나님은 우리가 먼저 본이 되는 삶을 살기 원하신다는 것을 알기에, 설거지를 대충 마무리하고 밖으로 나갔지요.

    나이 드신 두 분이 눈을 치우시는 게 너무 안쓰럽고 죄송스러워서 제가 눈을 치우겠다고 했더니 아이들이 있으니까 그냥 들어가라 하십니다. 하지만 그럴 수는 없었지요. 쏟아져 내리는 눈을 맞으며 눈을 치우기 시작했습니다.

아주머니들은 들어가시고 빌라 앞 골목과 뒤 주차장까지 눈을 치웠습니다. 그러다 아이들에게도 이웃을 섬길 수 있는 시간을 주어야겠다 싶어서 함께 나와 눈을 치우자고 했습니다. 그랬더니 아이들은 모두 신 나서 옷을 입고 나왔지요.

그리고 아이들에게 가르쳐 주었습니다.

"눈이 많이 쌓이면 사람들도 차들도 다니기가 너무 힘들어. 우리가 눈을 치운다면 다른 이웃들이 편하게 다닐 수 있겠지? 조금 힘이 들어도 이웃을 사랑하라고 하신 하나님 말씀에 순종하면서 즐겁게 눈을 치우자. 알았지?"

그랬더니 아주 우렁차게 "네!" 하고 대답합니다.

아이들의 섬김은 2시간 동안 계속되었지만, 지치지 않고 재미있게 눈을 치웠습니다. 아이들이야 뭐, 노는 건지, 치우는 건지, 마냥 즐거워했지만 말입니다. 이웃을 섬기는 일이 언제나 기쁜 일로 여겨지는 우리가 되었으면 좋겠습니다.

December 12-3

성탄절에 이웃과 함께하기

오늘 다윗의 동네에 너희를 위하여 구주가 나셨으니 곧 그리스도 주시니라
지극히 높은 곳에서는 하나님께 영광이요 땅에서는 하나님이 기뻐하신 사람들 중에
평화로다 하니라 (눅 2:11,14)

> 성탄절이 되면, 교회에서는 성탄예배, 발표회 등 다양한 행사들을 진행하지요. 그렇다면 가정에서는 어떻게 아기 예수님의 생일을 축하할 수 있을까요? 다른 가정들과 연합하여 예수님의 생일 잔치를 준비해 보세요. 이웃과 함께 미리 준비한 공연을 선보이고, 각 가정이 준비한 맛있는 음식을 먹으며 성탄의 기쁨을 함께 나누어 봅시다.

★ 성탄절 찬양 잔치 진행하기

준비물: 각 가정이 정성껏 준비한 음식, 주변의 이웃과 함께 나눌 작은 선물

① 평소 친하게 지내는 가정이나 교회 가족들에게 함께 찬양 잔치를 하자고 제안해 보세요. 더 좋은 공연을 위해 악기를 가져와도 되고 만약 악기가 없다면 부엌의 식기들, 빨래판, 캐스터네츠, 탬버린 등으로 하나님을 찬양할 수 있다고 공지해 주세요.

② 모이는 가정들이 부담되지 않게 각 가정에서 한 가지씩 음식을 정성껏 준비해요. 음식을 같이 먹으며 함께하는 기쁨을 나눌 수 있어요.

③ 각 가정이 모이면 사회자를 한 명 뽑아 주세요. 사회자는 각 가족 팀들을 소개하고 순서를 진행해 주세요.
"자, 지금부터 여러분의 뜨거운 박수로 성탄절 찬양 잔치를 시작하겠습니다. 오늘 우리는 예수님의 생일을 축하하기 위해 모였어요. 실력이 좋든 나쁘든, 연

습을 많이 했든 그렇지 않든, 우리를 위해 이 땅에 오신 예수님께 감사하는 마음으로 찬양하기 바랍니다."

④ 제비뽑기나 가위바위보로 참가자들의 순서를 정해 주세요.

⑤ 순서를 정했으면, 참가자들을 인터뷰하고 준비된 찬양을 순서대로 공연해요.
"준비하신 찬양은 무엇인가요? 이 찬양을 선곡한 이유는 무엇인가요? 가족들과 함께 찬양을 연습하면서 어떤 마음이 들었나요?"

⑥ 모든 가족의 순서가 끝나면 다함께 "고요한 밤, 거룩한 밤"을 부르며 찬양 잔치의 막을 내려요.

⑦ 찬양 잔치가 끝나면 밖으로 나가서 준비한 선물을 주변의 이웃과 함께 나눠요. 그동안 왕래가 없었던 옆집, 윗집, 주변 상점들과 경비 아저씨들에게도 작은 선물을 나누어 주세요.
"성탄절인데도 우리를 위해 아파트를 지켜주시는 경비 아저씨께 찾아가 감사의 마음을 전하며, '메리 크리스마스!'라고 인사해 보자. 옆집과 윗집 분들에게도 예수님이 이 땅에 오신 기쁨을 전해 보자."

★ 정리하면서
"성탄절에 다른 가족, 다른 이웃과 기쁨을 함께하니 너욱 좋지? 예수님이 왜 이 땅에 오셨는지 잊지 말자! 예수님은 죄로 인해 하나님과 이웃과 멀어졌던 우리를 하나님 안에서 한 가족으로 묶어 주시기 위해 이 땅에 오셨단다."

 쓰리민 가정 이야기

함께하는 믿음의 가정들이 있으신가요? 여러 가정이 한자리에 모여서 각자 준비한 음식을 나누며 모두 함께 예수님의 탄생을 축하하면 어떨까요?

성탄절을 맞이해서 특별한 시간을 가져 보았습니다. 젊은 시절 함께한 믿음의 친구들과 그 아이들까지 함께 모인 것이지요. 그리고 성탄절의 의미를 아이들에게 가르쳐 주고 예수님 오심을 진정으로 기뻐하기 위해 짧은 메시지를 같이 듣고 각 가정이 준비한 성탄 축하 발표회를 열었습니다.

저희 가정은 핸드벨로 "고요한 밤, 거룩한 밤"을 준비했고, 다른 가정들은 가족 찬양을 준비했지요. 또한 특별 순서로 각 가정이 준비한

음식을 서로 나누고, 수고하시는 아파트 경비 아저씨들에게 작은 선물과 음식을 드리기로 했습니다.

저희 막내 다민이는 경비 아저씨들에게 선물을 나누어

드리고 나서 신 나는 표정으로 이렇게 말하더군요.

"엄마! 내가 선물을 받으면 나만 좋은데 선물을 나누어 주니까 받는 사람도 좋고 나도 좋아!"

이제부터는 성탄절에 무슨 선물을 주고 받을지 고민하기보다, 예수님이 우리를 위해 이 땅에 오심을 함께 기뻐하고 나누는 시간으로 보냈으면 좋겠습니다. 성탄절의 진정한 주인은 예수 그리스도이십니다!

혹시 자녀들에게 선물을 꼭 사 주고 싶다면, 성탄절이 아닌 다른 날에 주어도 괜찮지 않을까요?

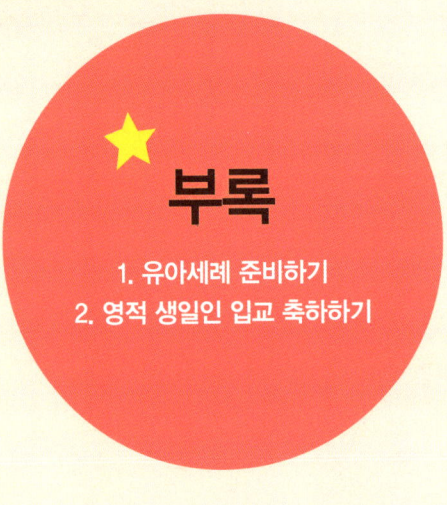

부록

1. 유아세례 준비하기
2. 영적 생일인 입교 축하하기

1. 유아세례 준비하기

그러므로 나도 그를 여호와께 드리되 그의 평생을 여호와께 드리나이다 하고
그가 거기서 여호와께 경배하니라 (삼상 1:28)

유아세례는 부모의 새로운 신앙고백입니다. 교회에서 공적으로 자녀를 믿음으로 양육할 것을 서약하는 것이지요. 그렇다면 이 귀한 약속의 자리를 어떻게 하면 기쁘고 의미 있게 준비할 수 있을까요? 먼저 교회에서 받게 되는 부모 교육에 적극적으로 참여하시기 바랍니다. 그리고 가정에서는 다음과 같이 유아세례를 준비해 보세요.

★ 마음의 준비하기

부부가 함께 아래의 글을 읽어 보세요. 그리고 하나님이 맡기신 자녀를 믿음 안에서 어떻게 양육해야 할지 부부의 다짐을 적어 보세요.

부모가 잊지 말아야 할 교훈

당신 아이의 참 주인은 하나님이십니다.
부모의 뜻대로가 아닌 하나님의 뜻대로 자녀를 양육해야 합니다.
당신의 자녀에 대한 신앙적인 소망이 있어야 합니다.
하나님 나라를 위해 헌신하는 자녀로 키우고 싶은
강한 열망과 기도가 있어야 합니다.
자녀에게 믿음의 가정의 부모로서 본을 끼쳐야 합니다.
말씀 묵상, 찬송, 기도, 경건 생활에 모범이 되어야 합니다.
주의 도로 훈계하고 가르쳐야 합니다.
자녀들이 하나님의 말씀에 따라 살아갈 수 있도록 부지런히 가르치고
삶으로 모범이 되어야 합니다.

엄마, 아빠의 다짐

엄마 _____, 아빠 _____는
하나님의 자녀 _____를
믿음 안에서 이렇게 양육할 것을 다짐합니다.

첫째, _____

둘째, _____

셋째, _____

넷째, _____

다섯째, _____

★ 말씀과 기도로 준비하기

유아세례를 앞두고 한 달 전부터 부부가 매일 잠언을 한 장씩 읽고, 자녀가 잠들기 전에 머리맡에서 축복기도를 해주세요.

"ㅇㅇ아, 너는 하나님이 우리 가정에 주신 귀한 선물이란다. 너를 통해 하나님의 사랑이 가득 전해지고, 많은 사람들이 기쁨을 누리게 되기를 기도해. 사랑한다. 축복한다."

★ 가족들 초대하기

자녀의 유아세례를 가족들에게 알려 주시고 함께 기도하고 축하할 수 있도록 해주세요. 유아세례식에 참여할 수 있는 가족들을 초대해도 좋습니다.

초 대 장

"○○의 유아세례식에 초대합니다!"

○○○○년 ○○월 ○○일
○○교회 본당

하나님의 선물 ○○가 유아세례를 받게 되었어요.
○○의 아빠 ○○○와 엄마 ○○○가 하나님과 교회의 식구들,
그리고 사랑하는 가족 앞에서
○○를 믿음으로 양육할 것을 약속하는 자리입니다.
오셔서 축하해 주시고 ○○와 엄마, 아빠를 위해 기도해 주세요.

★ 기쁨을 함께 나누기

유아세례를 앞두고(또는 유아세례를 받은 후에) 지금까지 인도하시고, 또 앞으로 인도하실 하나님께 감사하며 기쁨의 자리를 마련합니다. 바로 유아세례 감사 파티입니다. 가족들이 함께 모여 식사하며, 축하의 시간을 가져 보세요.

★ 정리하면서

유아세례는 완성이 아니라 시작입니다. 유아세례를 받는다고 우리의 자녀가 믿음 안에서 자라날 것이라 보장할 수는 없습니다. 단지 자녀를 믿음으로 양육하리라는 부모의 결단이 시작되는 것이지요. 하나님이 때마다 필요한 지혜를 주시고 함께하실 것입니다.

2. 영적 생일인 입교 축하하기

예수께서 대답하여 이르시되 진실로 진실로 네게 이르노니
사람이 거듭나지 아니하면 하나님의 나라를 볼 수 없느니라 (요 3:3)

> 우리 아이들이 어느덧 부모의 신앙이 아닌 자신의 신앙을 고백할 수 있는 나이가 되었습니다. 아이들이 부모의 도움으로 자라나 부모의 키를 훌쩍 넘었듯이, 그들의 신앙이 성장하고 독립하는 데에도 부모의 도움이 필요합니다. 우리 아이들의 신앙의 독립, 어떻게 가정에서 도와주고 축하해 줄 수 있을까요?

★ 입교식에 대해 생각하기

청소년 시기는 신체적으로 급격히 발달할 뿐 아니라 심리, 사회학적으로도 자아 정체성이 형성되고, 도덕성도 발달하는 아주 중요한 시기입니다. 이 시기에 기독교의 중요한 의식으로는 입교식이 있습니다. 그러나 교회에서 입교식은 2-4주간의 교육 후, 간단한 문답과 예배 중 입교 선포로만 진행되는 경우가 많습니다. 당연히 축하받고 인정받아야 하는 가정에서도 사진 찍기 행사쯤으로 소홀히 지나가는 것을 보게 됩니다. 우리나라에는 이렇다 할 성인식이 없기 때문에, 입교식이 어른으로서의 첫걸음을 인정받는 의식으로 자리 잡는다면 우리 아이들이 더욱 건강하게 자라날 수 있을 것입니다. 우리 아이들이 자신의 신앙을 입술로 고백하는 그 순간을 기억에 남는 의식을 통해 가정에서 축하해 주세요.

★ 소명 의식 (Calling Ceremony)

준비물: 입교 대상자 청소년의 성장 과정 사진, 액자, 포스트잇, 초

1. 입교식이 있기 몇 주 전에 아이가 어렸을 때부터 지금까지의 사진을 골라서 출력해 놓습니다.

2. 아이의 방이나 작은 방 하나를 '소명 의식'을 치를 방으로 정하고, 방 문 앞에는 '소명의 방'이라고 적어 놓습니다.
3. 방 곳곳에 뽑아 놓은 사진을 붙여 놓거나 액자를 세워 놓습니다.
4. 사진 밑에는 그 당시가 어떤 순간이었는지, 그때 부모의 마음은 어땠는지 포스트잇이나 메모지를 이용해 적어 놓습니다.
5. 사진과 함께 촛불을 구석구석 밝혀서 잘 어우러지도록 꾸며 놓습니다.
6. 부모 중 한 명이 방을 꾸미는 동안 아이에게는 비밀로 합니다.
7. 방을 꾸민 후에는 모든 식구가 소명의 방 앞에 모입니다.
8. "오늘은 ○○가 하나님 앞에서 하나님의 자녀임을 입술로 시인하고 예수님을 주로 모시고 살기로 고백한 날이야. 이제 ○○에게는 자신의 신앙에 책임을 지는 한 인간으로서의 책임감과 역할이 부여되는 거야. ○○의 지금까지의 삶을 돌아보고, 이제는 하나님의 소명대로 사는 멋진 어른이 되기를 다짐해 보자"라고 말한 후 아이를 방으로 들여 보냅니다.
9. 가족들은 문 밖에서 아이가 소명의 방을 다 돌고 나오기를 기다립니다.
10. 아이가 문 밖으로 나오면 따뜻한 포옹과 함께 "○○의 입교를 축하해. 멋진 어른이 되기를 기도해"라고 축하의 말을 전해 줍니다.
11. 소명 의식 후에는 다 같이 둘러앉아 아이의 느낌을 물어보고, 앞으로의 다짐과 하나님이 주신 소명에 대해 이야기를 나눕니다.

★ 정리하면서

"지금까지 ○○와 함께하신 하나님께 감사드려. 이제 입교식을 통해 ○○의 신앙을 스스로 고백했으니, 자신의 신앙에 대해 책임을 지는 멋진 어른으로 살아가기를 엄마, 아빠도 계속 기도할게. 입교를 축하하고 사랑해."

QR코드로 들어간 모든 영상은 제공처로부터 허락을 받았습니다.
소중한 물 절약하기: 동물 친구들을 구하라 (SK에너지)
에너지 절약맨 되기: 불빛이 사라졌어요 (SK에너지)
아나바다 실천하기: 사라지는 나무를 구하라 (SK에너지)
음식물 쓰레기 줄이기: 세상에서 가장 슬픈 괴물 (환경부)

자녀와 함께 믿음의 가정문화 만들기

지은이   백홍영, 서아령, 최지혜

2016년 9월 30일 1판 1쇄 펴냄

펴낸곳	예키즈
출판 등록	2013년 11월 21일 (제396-2013-000171호)
주소	경기도 고양시 일산동구 호수로 340-11, 301호 (백석동)
전화	031-908-9987 · **팩스** 031-908-9986
전자우편	publ@ywam.co.kr
홈페이지	www.ywampubl.com

ISBN 979-11-86080-17-7(04230)

책값은 뒤표지에 있습니다.
잘못된 책은 바꾸어 드립니다.

* 예키즈는 도서출판 예수전도단의 신앙교육, 어린이 전문 브랜드입니다.
* 예키즈 블로그와 카카오스토리에서 다양한 어린이도서 정보와 이벤트를 만나 보실 수 있습니다.
  블로그 blog.naver.com/ywamkids | **카카오스토리** 친구 찾기에서 '예키즈' 검색